权威读本

中华人民共和国国旗法、国歌法、国徽法解读

主编

郑淑娜

（全国人大常委会法制工作委员会副主任）

中国法制出版社
CHINA LEGAL PUBLISHING HOUSE

前　言

《中华人民共和国宪法》第一百三十六条、第一百三十七条规定，中华人民共和国国旗是五星红旗，国歌是《义勇军进行曲》，国徽中间是五星照耀下的天安门，周围是谷穗和齿轮。国旗、国歌和国徽都是国家的象征和标志，不仅对外代表了国家形象，而且蕴含着新中国成立的历史和政权性质等丰富内涵。

我国的国旗——五星红旗旗面的红色象征革命，旗上的五颗五角星及其相互关系象征共产党领导下的革命人民大团结。国徽中的天安门、齿轮和谷穗、五个五角星等图案，象征中国人民自“五四”运动以来的新民主主义革命斗争和工人阶级领导的、以工农联盟为基础的人民民主专政的新中国的诞生。1990 年和 1991 年全国人大常委会分别通过了《中华人民共和国国旗法》和《中华人民共和国国徽法》，实施二十多年来，对于维护国旗、国徽尊严，规范国旗、国徽使用等起到了重要作用。

我国的国歌——《义勇军进行曲》是二十世纪三十年代中期电影《风云儿女》的主题曲，由田汉作词、聂耳作曲，它凝结着中国共产党领导中国各族人民为争取民族独立、人民解放和实现国家富强、人民富裕不屈不挠、英勇奋斗的精神，凝聚着各族人民实现中华民族伟大复兴的梦想。2004 年第十届全国人民代表大会第二次会议通过的《中华人民共和国宪法修正案》明确规定“中华人民共和国国歌是《义勇军进行曲》”。多年来，国歌所承载的爱国情怀、忧患意识和奋勇前行的民族精神深入人心，广大人民群众热爱祖国、尊崇国歌，国歌奏唱和使用总体情况是比较好的。但实际生活中也存在奏唱国歌不规范、参与者举止不得体、国歌标准曲谱未予发布而影响奏唱和播放效果等问题。2017年9月1日第十二届全国人民代表大会常务委员会第二十九次会议通过了《中华人民共和国国歌法》，对于国歌的性质和地位、国歌奏唱的场合、国歌奏唱礼仪、国歌宣传教育、国歌标准演奏曲谱和官方录音版本、国歌监督管理、不得使用国歌的情形、法律责任等作了全面系统的规范。国歌法的出台，对于保证宪法的有效实施，增强国歌奏唱的严肃性和规范性，维护国家尊严，提升公民的国家观念和爱国意识，培育和践行社会主义核心价值观，弘扬以爱国主义为核心的伟大民族精神，激励全国各族人民为实现中华民族伟大复兴的中国梦而共同奋斗，都具有重大意义。

以国歌法通过为契机，为了深入宣传、学习和贯彻国旗法、国徽法和国歌法，我们组织具体参与国歌法起草和长期从事与国家标志立法相关实务工作的专家，编写了这本《中华人民共和国国旗法、国歌法、国徽法解读》，对组成国家标志法律制度的三部法律进行全面解读。参加本书编写工作的有武增、王曙光、陈国刚、谭喻、王正斌、张晶、郑全红、王历磊、黄宇菲、梁菲、田林、陈亦超、董立新等同志。全书完稿后，由武增同志统一审改，最后由郑淑娜同志审改定稿。由于水平有限，书中难免有不足之处，恳请读者批评指正。

在本书即将付梓之际，我们要向曾经参与过国旗法、国徽法立法工作的历任相关领导和同志表示衷心的感谢！

编　者

2017年9月

目　　录

中华人民共和国国旗法解读

中华人民共和国国歌法解读

中华人民共和国国徽法解读

中华人民共和国国旗法解读

第一条　为了维护国旗的尊严，增强公民的国家观念，发扬爱国主义精神，根据宪法，制定本法。

条文主旨

本条是对立法宗旨和立法依据的规定。

立法背景

国旗是国家的象征和标志，代表着国家的主权和民族尊严，是国家的历史传统和民族精神的体现。每个国家都有着和其他国家相区别的国旗。在世界各国国旗的颜色中，红色、黄色、蓝色、绿色、黑色和白色使用较多，在国旗图案中，用得较多的则是太阳、月亮和星星。国旗的图案、色彩、象征意义和使用方法一般都由宪法或者法律专门规定。例如，1982 年 4 月瑞典议会通过了《瑞典国旗法》；1981 年新西兰议会通过了《旗帜、徽章及名称保护法》，该法确立了现行新西兰国旗的法律地位，将国旗置于法律的保护之下；1999 年 8 月，日本国会通过《国旗国歌法》，将“日之丸”和“君之代”分别定为日本的国旗和国歌。总之，各国都把维护国旗的尊严与法律规定紧密联系在一起，增强人们使用国旗的法律意识。

我国的国旗为五星红旗，是在1949年9月召开的中国人民政治协商会议第一届全体会议上正式确定的，当时表述为“红地五星旗”。1949年7月，中国人民政治协商会议筹备会负责拟定国旗图案（包括国徽图案、国歌词曲）的第六小组，以筹备会名义公开征求国旗图案。当时提出的征集图案的要求是：（一）中国特征（如地理、历史、民族、文化等）；（二）政权特征（工人阶级领导的、以工农联盟为基础的人民民主专政）；（三）形式为长方形，长宽为三与二之比，以庄严简洁为主；（四）色彩以红色为主，可用其他配色。随后在不到一个月的时间里，政协筹备会就收到了应征的国旗图案3012幅。经评选委员会反复比较，最后选定五星红旗图案。同年9月27日，中国人民政治协商会议第一届全体会议经过投票，通过了《关于中华人民共和国国都、纪年、国歌、国旗的决议》，其中第四项规定：中华人民共和国的国旗为红地五星旗，象征中国革命人民大团结。

根据1949年9月28日中国人民政治协商会议第一届全体会议主席团公布的《国旗制法说明》，“国旗的形状、颜色两面相同，旗上五星两面相对”。以旗杆在左的一面为例，国旗的具体颜色与图案是旗面为红色，长方形，其长与高为三与二之比，旗面左上方缀黄色五角星五颗。一星较大，其外接圆直径为旗高十分之三，居左；四星较小，其外接圆直径为旗高十分之一，环拱于大星之右。四颗小五角星均各有一个角尖正对大五角星的中心点。旗杆套为白色。

1949年11月15日《人民日报》以“新华社答读者问”的形式，说明了国旗旗面的颜色及图案的含义。国旗旗面的红色象征革命。旗上的五颗五角星及其相互关系象征共产党领导下的革命人民大团结。五角星用黄色是为在红地上显出光明，黄色较白色明亮美丽。四颗小五角星各有一角尖正对着大星的中心点，这是表示围绕着一个中心而团结，在形式上也显得紧凑美观。国旗的旗杆套用白色是为了与旗面的红色相区别。旗面的长和高是固定的三与二之比，而旗杆套的宽窄却是根据需要来确定的。为了避免影响旗面的式样，必须使旗杆套的颜色区别于旗面的颜色。

1954 年宪法正式使用“五星红旗”表述，并明确它是中华人民共和国国旗，以后的三部宪法都作了同样的规定。1954 年宪法第四章“国旗、国徽、首都”中第一百零四条规定：“中华人民共和国国旗是五星红旗。”1975 年宪法第四章“国旗、国徽、首都”中第三十条第一款规定：“国旗是五星红旗。”1978 年宪法第四章“国旗、国徽、首都”中第六十条第一款规定：“中华人民共和国国旗是五星红旗。”现行宪法第一百三十六条第一款规定：“中华人民共和国国旗是五星红旗。”

虽然我国历次宪法对国旗都有专门规定，但对国旗的悬挂或使用、国旗图案的具体布局等事项则一直没有具体法律规定。实践中，国旗的使用比较混乱，国旗的制作也不统一。为了维护国家的主权和尊严，增强公民的国家观念和爱国意识，加强爱国主义教育，制定一部专门的国旗法，完善国旗方面的法律规定，是非常必要的。为此，1990 年 6 月 28 日，第七届全国人民代表大会常务委员会第十四次会议审议通过了《中华人民共和国国旗法》，这是新中国成立以来我国颁布的第一部国旗法。

条文解读

本法的立法目的，就是为了维护国旗的尊严，增强公民的国家观念，发扬爱国主义精神，振奋中华民族的自信心和自豪感。本法的立法依据是我国宪法。《宪法》第一百三十六条规定，中华人民共和国国旗是五星红旗。本法以宪法为依据，对升挂国旗的机构、场所和升挂国旗的方式作了一系列具体规定。它的制定和实施，对于维护国旗的尊严、增强公民的国家观念、发扬爱国主义精神，对于促进我国社会主义民主和法制建设，具有十分重要的意义。

第二条　中华人民共和国国旗是五星红旗。

中华人民共和国国旗按照中国人民政治协商会议第一届全体会议主席团公布的国旗制法说明制作。

条文主旨

本条是关于国旗的内容和国旗制法的规定。

立法背景

各国国旗的区别，主要表现在国旗的具体构成（如国旗的形状、颜色、图案等要素）不同。我国国旗的具体内容和国旗的制法，是在新中国成立前夕产生和确定的。在人民解放战争取得节节胜利的形势下，中国共产党开始考虑筹建新的政权，号召各民主党派、各人民团体、各社会贤达迅速召开政治协商会议，讨论并实现召集人民代表大会，成立民主联合政府，社会各界给予热烈响应。1949 年 6 月，新政治协商会议筹备会第一次会议在北平召开，拟定新中国的国旗、国徽、国歌是此次会议的重要任务之一。筹备会常务委员会下设六个小组，其中第六小组负责拟定国旗、国徽及国歌方案，组长由中国民主促进会负责人马叙伦担任，北平市军事管制委员会主任叶剑英任副组长，后又增加沈雁冰（即茅盾）为副组长，主持日常工作。第六小组成员有：张奚若、田汉、马寅初、郑振铎、郭沫若、翦伯赞、钱三强、蔡畅、李立三、张澜、陈嘉庚、欧阳予倩、廖承志等。7月4日下午，第六小组在中南海勤政殿举行第一次全体会议，推选叶剑英、廖承志、李立三、郑振铎、张奚若、蔡畅、田汉、翦伯赞等人组成国旗国徽初选委员会，叶剑英为召集人。会后，郭沫若、沈雁冰、郑振铎草拟《征求国旗国徽图案及国歌辞谱启事（草案）》，经周恩来审改，并呈送毛泽东、朱德、李济深、张澜、林伯渠等新政协筹备会常委征求意见。7月14日，征集启事开始连续在《人民日报》等各大报纸刊登，并规定8月20日为征求截止日期。关于国旗方案的设计要求是：（甲）中国特征（如地理、民族、历史、文化等）；（乙）政权特征（工人阶级领导的、以工农联盟为基础的人民民主专政）；（丙）形式为长方形，长阔三与二之比，以庄严简洁为主；（丁）色彩以红色为主，可用其他配色。8月5日，第六小组第二次全体会议对半个月来收到的459件国旗稿件进行了初审，同时决定聘请徐悲鸿、梁思成、艾青为国旗国徽图案初审委员会专家顾问。

启事刊登后反响强烈，在一个月内，共征集到国旗设计稿1920件，图案2992幅。应征者涉及各个阶层、职业，男女老幼都有。应征稿件大体分为四类：第一类，为镰锤交叉并加上五星，此类的变形多种多样。第二类，为嘉禾、齿轮并加五角星，或者不加星的，此类亦有多种变体。第三类，以两色或者三色的横条或竖条组成旗的本身，而在左上角或在中央置镰锤或五角星或嘉禾、齿轮。第四类，旗面三分之二为红色，三分之一为白、蓝、黄各色，而加以红色或黄色的五角星。此类的变形亦不少。有的变体为红色旗面再加黄色长条一道或两道，而五角星的位置亦各有不同。第六小组经对大量来稿进行审阅之后，认为第一类为镰锤交叉并加上五角星的，无论其形式怎样变换，总有模仿苏联国旗的感觉。至于拟用中国式镰锤或者其他农具以代替镰刀、锤子的图案，则因布置困难，形式上既不美观，又仍然存在模仿的意义。第二类用嘉禾、齿轮，在形式上很难配合得当，所以亦难达到美观，且图画复杂，与“简洁”的要求不符。第三类图案，实际上一半模仿美国国旗，又一半模仿苏联国旗，其构思设计都不足取。第四类的优点是简洁。在这一类中，红色旗面三分之一处加黄色长条而以五角星位于左上角，这一形式较之其他各种图案似乎更好一些。这是因为红色象征革命，五角星象征共产党领导的政权，黄色长条则可以代表中华民族发祥地——黄河。

8 月 22 日，国旗国徽初选委员会召开第一次会议，初步选定了国旗图案 16 幅。8 月 24 日，第六小组第三次全体会议对初步选定的国旗图案进一步进行讨论审议，将进入复选的 17 幅编号。8 月 26 日，马叙伦在新政协筹备会常务委员会第四次会议上汇报了国旗、国徽、国歌拟定的进展情况。9 月 14 日，第六小组第四次全体会议决定，把来稿中较好的国旗图案印成小册子，由第六小组组员召集新政协全体代表分组商讨。9 月 17 日，新政协筹备会第二次全体会议通过决议，将国旗、国徽、国歌的制定工作移交中国人民政治协商会议第一届全体会议，并由第六小组向全体会议主席团提出报告。第六小组从国旗应征稿件中选出共 38 幅编印成《国旗图案参考资料》，分别以“复字第 1 号”至“复字第

38 号”顺序编号，提交全体会议代表审阅。其中，将由曾联松设计的“复字第 32 号”大五星图案中的镰刀和锤子图案去掉。第六小组在 9 月 21 日给主席团的报告中对 38 幅设计稿进行了分类评价。9 月 22 日，第六小组第五次全体会议建议在 23 日邀请全体代表讨论国旗问题。9 月 23 日，政协会议代表分成 11 个小组对国旗图案进行广泛的讨论，当晚第六小组即召开第六次全体会议，对讨论的结果进行了总结。

9 月 25 日晚，毛泽东、周恩来同志在中南海丰泽园主持座谈会，邀请郭沫若、沈雁冰、黄炎培、陈嘉庚、张奚若、马叙伦、田汉、徐悲鸿、李立三、洪深、艾青、马寅初、梁思成、马思聪、吕骥、贺绿汀等参加，听取关于国旗、国徽、国歌、纪年、国都问题的意见。会议伊始，毛泽东同志开门见山地指出：过去我们脑子老想在国旗上划上中国特色，因此划上一条，以代表黄河，其实许多国家国旗也不一定有什么该国家特点。毛泽东认为五星红旗图案代表了革命人民的大团结，并说：“现在要大团结，将来也要大团结。因此，现在也好，将来也好，又是团结又是革命。”其他与会者在发言中纷纷赞同毛泽东的分析和选择，热烈鼓掌表示完全赞同。9 月 26 日，国旗国徽国歌国都纪年审查委员会召开第一次会议，绝大多数代表都同意以“复字第 32 号”图案为国旗，并对说明进行了修改，指出“红色象征革命，星象征中国革命人民大团结”。同日，审查委员会将本次会议的决议内容报告给政协会议主席团。

9 月 27 日，马叙伦代表国旗国徽国歌国都纪年审查委员会向中国人民政治协商会议第一届全体会议作了工作报告。在周恩来主持下，大会讨论通过了《关于中华人民共和国国都、纪年、国歌、国旗的决议》，其中第四项明确："全体一致通过：中华人民共和国的国旗为红地五星旗，象征中国革命人民大团结。"9月28日，中国人民政治协商会议第一届全体会议主席团公布《国旗制法说明》。9月29日，《人民日报》刊登国旗图案、《国旗制法说明》。9月30日，中国人民政治协商会议第一届全体会议胜利闭幕。10月1日，中华人民共和国举行开国大典，在代国歌《义勇军进行曲》的旋律中，毛泽东亲手升起第一面五星红旗。

条文解读

1954年9月20日，一届全国人大一次会议通过《中华人民共和国宪法》，其中第四章规定了国旗、国徽、首都，第一百零四条规定："中华人民共和国国旗是五星红旗。"1954年宪法正式以"五星红旗"表述国旗，赋予了国旗以宪法地位。之后的1975年、1978年、1982年宪法都作了同样的规定。根据宪法的规定，本条第一款规定，中华人民共和国国旗是五星红旗。

1990年2月，七届全国人大常委会第十二次会议初次审议的国旗法草案第二条直接规定了国旗的标准制作方法，即："中华人民共和国国旗是五星红旗。旗面为红色，长方形，长度和高度的比例是三比二。五颗星是黄色五角星，位于旗面左上方，其中左侧一颗大星的外接圆直径为旗高的十分之三，环拱于大星右侧的四颗小星的外接圆直径为旗高的十分之一，四颗小星都有一角正对大星的中心（以旗杆在旗面左边为标准，旗杆在旗面右边则相反）。"同年6月，七届全国人大常委会第十四次会议对国旗法进行了三次审议，法律委员会提出的审议结果报告指出，中华人民共和国国旗是1949年9月中国人民政治协商会议第一届全体会议通过的，会议主席团同时公布的国旗制法说明是国旗的法定制法，现在国旗仍应按照这个说明制作，本法可以不再具体规定。因此，建议修改为“中华人民共和国国旗按照中国人民政治协商会议第一届全体会议主席团公布的国旗制法说明制作”，并建议将中国人民政治协商会议第一届全体会议主席团公布的国旗制法说明在国旗法公布的同时重新公布。

人大常委会根据这一意见，对国旗法草案作了修改，将1949年9月28日中国人民政治协商会议第一届全体会议主席团公布的《国旗制法说明》作为了法律的附件。《国旗制法说明》对国旗的形状、颜色、五星的位置、通用尺度等均作出了详细规定，并附有国旗制法图案。

相关规定

《中华人民共和国宪法》第一百三十六条；《关于中华人民共和国国都、纪年、国歌、国旗的决议》；《国旗制法说明》

第三条　中华人民共和国国旗是中华人民共和国的象征和标志。

每个公民和组织，都应当尊重和爱护国旗。

条文主旨

本条是关于国旗性质的规定。

立法背景

国家标志又称国家象征，是指一般由宪法和法律规定的，代表国家的主权、独立和尊严的象征和标志。根据国际上的惯例，国家的象征和标志主要包括国旗、国徽、国歌、首都和国庆日。

国旗为代表主权国家的旗帜，是西方主权国家出现后的产物。十六世纪前，尚不存在“民族国家”或“主权”的概念，所以没有象征民族主权国家的国旗。以立法形式制订国旗则始于十八世纪末法国大革命时期的三色旗，该旗帜在1794年2月15日被确定为法兰西第一共和国的国旗。再如英国国旗联盟旗（中国俗称“米字旗”）诞生于1801年1月1日，当时爱尔兰岛与不列颠组成了联合王国，1908年英国议会宣布“联盟旗应该被认为是英国的国旗”。中国封建时代一般认为“普天之下，莫非王土”（《诗经·小雅·北山》），历代皇朝既没有也不需要国旗。原本没有确立国旗的中国，随着同世界各国交流的增多，也在十九世纪末清朝晚期制定了第一面中国国旗——黄龙旗。

中国与西方列强密切接触是在十九世纪晚清时期，因发现在外交场合无旗帜代表中国，在窘迫的情况下，清朝政府才开始颁布正式的、现代意义的国旗。中国历史上，清朝和中华民国时期一共使用过三种国旗，分别为黄龙旗、五色旗和青天白日满地红旗。此外，从清末至中华人民共和国成立前，中国局势动荡，一些割据或傀儡政权也称本身是“中央政府”，亦设有各自的“国旗”。1949年，中华人民共和国成立，规定五星红旗为中华人民共和国国旗。

之所以说国旗是国家的象征和标志，是因为国旗反映了一国的历史传统、民族精神，甚至国体和政体等。还有，它有利于增强国民的民族自豪感和爱国主义情感。在1949年新中国成立前夕，对国旗设计的要求就是要反映出中国的国家特征、政权特征；要求色彩以红为主，也是反映了新中国是一个革命政权的特点。最终选中了五星红旗方案，红色既象征革命，也是中国人民所共同爱好的喜庆而尊贵的颜色，是血脉和生命的象征。旗上的五颗五角星及其相互关系象征中国共产党领导下的革命人民大团结。五角星用黄色是为了在红地上显出光明，黄色较白色明亮美丽，四颗小五角星各有一尖正对着大星的中心点，这是表示围绕着一个中心（即中国共产党）而团结。

条文解读

正是因为国旗是国家的象征和标志，法律对一些机构和场合升挂国旗作出了明确规定。根据国旗法的规定，应当每日升挂国旗的有：作为国家标志性建筑物的天安门广场、新华门，作为最高国家权力机关和行使最高行政权、军事权、司法权的全国人民代表大会常务委员会、国务院、中央军事委员会、最高人民法院、最高人民检察院，中国人民政治协商会议全国委员会，代表国家维护国家主权、安全和利益的外交部，出境入境的机场、港口、火车站和其他边境口岸，边防海防哨所。应当在工作日升挂国旗的有：国务院各部门，地方各级人民代表大会常务委员会、人民政府、人民法院、人民检察院，中国人民政治协商会议地方各级委员会。全日制学校，除寒假、暑假和星期日外，应当每日升挂国旗。国庆节、国际劳动节、元旦和春节，各级国家机关和各人民团体应当升挂国旗；企业事业组织，村民委员会、居民委员会，城镇居民院（楼）以及广场、公园等公共活动场所，有条件的可以升挂国旗。

中华人民共和国自 1949 年成立以来，特别是改革开放以来，经济社会发展取得巨大成就，国家的国际地位不断提升，代表中华人民共和国的五星红旗还出现在各种国际场合，如联合国、世界卫生组织、国际奥委会等国际组织及其所召开的各种会议，奥运会、单项体育国际赛事等各项目的颁奖仪式等。在许多场合，不用文字标注“中华人民共和国”或“中国”，直接以五星红旗为标志指代中国。可以说，在国际上，五星红旗不仅已经成为中华人民共和国的标志和象征，也是中国人民精神力量的重要来源。在国家取得荣誉和进步时，国旗提振中国人民的民族自信心，提升中国人民的国家自豪感；在遇到危难和灾害时，看到国旗就能让人感到祖国在背后作为强大支撑，增强克服困难和灾难的信心和决心。

相关规定

《中华人民共和国国旗法》第六条至第十一条；《中华人民共和国刑法》第二百九十九条

第四条 **地方各级人民政府对本行政区域内国旗的升挂和使用，实施监督管理。**

外交部、国务院交通主管部门、中国人民解放军总政治部对各自管辖范围内国旗的升挂和使用，实施监督管理。

国旗由省、自治区、直辖市的人民政府指定的企业制作。

条文主旨

本条是关于对国旗的升挂和使用实施监督管理的规定。

立法背景

国旗是国家的象征和标志，代表着国家的主权和尊严，在维护国家统一与安定、培养群众爱国主义情感方面起着重要作用。为了维护国旗的尊严，增强公民的国家观念，本法不仅对国旗的样式、国旗的升挂和使用提出了一系列规范要求，还规定了地方各级人民政府、外交部、国务院交通主管部门、中国人民解放军总政治部（现为中央军委政治工作部，下同）的监督管理职责。

条文解读

一、关于监督管理的职责主体

依据本条第一款、第二款的规定，对于国旗的升挂和使用实施监督管理的主体分别有：地方各级人民政府、外交部、国务院交通主管部门、中国人民解放军总政治部。

根据宪法的规定，地方各级人民政府是地方各级国家权力机关的执行机关，是地方各级国家行政机关，包括省、自治区、直辖市人民政府，设区的市、自治州人民政府，县、自治县、市辖区人民政府，以及乡、民族乡、镇人民政府。我国在香港、澳门地区实行“一国两制”基本原则，设立了香港、澳门两个特别行政区。香港、澳门特别行政区基本法的附件三都已表明，《关于中华人民共和国国都、纪年、国歌、国旗的决议》《中华人民共和国国旗法》等属于应当在特别行政区实施的全国性法律。

除地方各级人民政府之外，外交部、国务院交通主管部门、中国人民解放军总政治部，在本部门职责范围内负有国旗升挂和使用的监督管理责任。例如，外交活动以及国家驻外使馆领馆和其他外交代表机构升挂、使用国旗的办法，本法已明确由外交部规定，应由外交部对外交活动以及国家驻外使馆领馆和其他外交代表机构升挂、使用国旗等外交领域行为实施监督管理。民用船舶和进入中国领水的外国船舶升挂国旗的办法，本法已明确由国务院交通主管部门规定；公安部门执行边防、治安、消防任务的船舶升挂国旗的办法，本法已明确由国务院公安部门规定。总体上，国务院交通主管部门对船舶升挂国旗等交通领域行为实施监督管理。此外，依照本法规定，军事机关、军队营区、军用舰船，按照中央军事委员会的有关规定升挂国旗，具体由中国人民解放军总政治部对管辖范围内国旗的升挂和使用实施监督管理。

二、关于监督管理的职责内容

无论是地方各级人民政府一般性的监督管理，还是外交部、国务院交通主管部门、中国人民解放军总政治部对于各自管辖范围的特殊性监督管理，都有以下这些共性内容：一是要确保法律规定的场所依法升挂国旗。二是要确保按照法律规定的办法规范升挂国旗。三是要确保国旗的尊严得到维护，并对侮辱国旗的行为严加惩处。

三、关于监督管理的重要手段：国旗制作企业指定制度

本法附件带有《国旗制法说明》，并规定了甲乙丙丁戊五种通用尺度供各界酌情选用。但国旗代表着国家主权的形象，要确保企业生产制作的国旗质量优良、符合国家制定的规格标准，仍有必要对制作企业进行规范。本法规定，国旗由省、自治区、直辖市的人民政府指定的企业制作，就是希望通过省级人民政府的遴选指定，由具备制作能力、态度认真负责的企业来承担起国旗制作的具体工作，确保国旗产品质量，维护国旗尊严。实践中，有的省份通过颁发《国旗制作定点证书》来完成指定，例如 1999 年广东省人民政府办公厅发通知，指定广州中华工艺装饰实业公司、佛山得声工艺有限公司为国旗制作企业，由省技术监督局颁发《国旗制作定点证书》。定点企业凭证到其所在地工商行政管理部门登记注册，核准经营范围。其他企业一律不得从事国旗生产制作。

相关规定

《中华人民共和国宪法》第三十条、第三十一条；《中华人民共和国香港特别行政区基本法》附件三；《中华人民共和国澳门特别行政区基本法》附件三

第五条 **下列场所或者机构所在地，应当每日升挂国旗：**

（一）北京天安门广场、新华门；

（二）全国人民代表大会常务委员会，国务院，中央军事委员会，最高人民法院，最高人民检察院；

中国人民政治协商会议全国委员会；

（三）外交部；

（四）出境入境的机场、港口、火车站和其他边境口岸，边防海防哨所。

条文主旨

本条是关于应当每日升挂国旗的场地的规定。

立法背景

根据本法的规定，应当升挂国旗的场所，根据其重要性和显

著性不同，分为三类：应当每日升挂国旗的，应当在工作日升挂国旗的，除节假日外应当每日升挂国旗的。本条规定的四类场所，是应当每日升挂国旗的，是要求最为严格的。

条文解读

（一）天安门广场和新华门。天安门广场，位于北京市中心，地处北京市东城区东长安街，北起天安门，南至正阳门，东起中国国家博物馆，西至人民大会堂，中央矗立着人民英雄纪念碑和庄严肃穆的毛主席纪念堂，南北长 880 米，东西宽 500 米，面积达 44 万平方米，可容纳 100 万人举行盛大集会，是世界上最大的城市广场。1949 年 10 月 1 日，中华人民共和国成立，在天安门广场举行开国大典，毛泽东率领党、政、军和各民主党派、群众团体的负责人登上天安门城楼，向全世界宣告中华人民共和国成立。在《义勇军进行曲》的雄壮旋律中，毛泽东按动电钮，新中国第一面鲜艳的五星红旗冉冉升起。1984 年、1999 年、2009 年举行阅兵式，庆祝中华人民共和国成立；2015 年 9 月 3 日举行阅兵式，纪念中国人民抗日战争胜利 70 周年。每年的春、夏、秋三季节，遇有外国国家元首、政府首脑进行国事访问，国家主席、国务院总理都会在天安门广场西的人民大会堂东门外广场举行欢迎仪式。因此，天安门广场见证了中国人民一次次争取自由民主、反抗外国侵略和反动统治的斗争，记载了中国人民不屈不挠的革命精神和大无畏的英雄气概；是无数重大政治、历史事件的发生地，是中国从衰落到崛起的历史见证；是共和国举行重大庆典、盛大集会和外事迎宾的神圣重地。天安门还被设计入国徽，成为国家标志的一部分。天安门广场在中国人民心中，是祖国的心脏和圣地；对于外国人来说，是中国的象征。因此，在天安门广场每日升挂国旗具有重大的历史意义和现实意义。

新华门坐落在北京西长安街西段路北，朝向长安街，是中南海的南门，也是正门，为中南海的标志，门口一面五星红旗高高飘扬。中南海是中共中央和国务院的办公地点，是中国政治生活的心脏，也是中国国家权力的象征。因此，在新华门外，也应当每日升挂国旗。

（二）中央国家机关和全国政协所在地。宪法规定，全国人大常委会是我国最高国家权力机关的常设机关，行使宪法解释权、国家立法权、监督权、任免权等重要的国家权力；国务院，即中央人民政府，是最高国家权力机关的执行机关，是最高国家行政机关，负责领导和管理国家经济、教育、科技、文化等各项行政工作，统一领导全国地方各级行政机关工作；中央军事委员会领导全国武装力量；最高人民法院是最高审判机关，监督地方各级人民法院和专门人民法院的审判工作；最高人民检察院是最高检察机关（法律监督机关），领导地方各级人民检察院和专门人民检察院的工作。上述中央国家机关理应每日升挂国旗。

中国人民政治协商会议是中国人民爱国统一战线的组织，是中国共产党领导的多党合作和政治协商的重要机构。根据政协章程，政协全国委员会讨论本会重大工作方针、任务并作出决议，参与对国家大政方针的讨论，提出建议和批评，对地方委员会有指导关系。虽然全国政协不是国家机构，但它在我国政治体制中具有重要的地位。因此，法律规定全国政协应当在其所在地每日升挂国旗。

（三）外交部。外交部主管外交事务，负责执行我国外交方针政策，代表国家维护国家主权、安全和利益，代表国家和政府办理外交事务，承办党和国家领导人与外国领导人的外交往来事务。在外交部所在地，需要进行大量与外交事务有关的工作，包括发布重要外交信息等。因此，在外交部每日升挂国旗是十分必要的。

（四）各类口岸，边防海防哨所。口岸是一个主权国家根据自己的政策需要和具体的地理条件而指定的对外交往门户。口岸原意是指由国家制定的对外通商的沿海港口。随着陆、空、水交通运输的发展，对外贸易的货物、进出境人员及其行李物品、邮件包裹等，可以通过铁路、公路、航空、内河航运直达一国腹地。在和平时期，口岸是国内外人员交往、对外贸易货物和交通工具出入境的场所。每个主权国家在口岸上都设置有检查检验机关，既为外贸货物和交通工具的出入和国内外人员的交往提供服务，又为国家严格把关，制止非法出入境。我国是一个陆地大国，陆上与俄罗斯、朝鲜、越南等14个国家接壤，我国也是一个海洋大国，有日本、菲律宾等6个海上邻国。我国是一个开放的国家，每日出入境人数和进出口货物量都很巨大，全国共有约300个航空、水运、铁路、公路口岸。各类口岸，包括出境入境的机场、港口、火车站和其他边境口岸，是国家边界和领土主权的象征，人们形象地将口岸称为“国门”，意即跨过口岸，即进入国家的大门。在这里每日升挂国旗，是对国家行使行政管制权的一种宣示。

我国是一个边防海防大国，陆地边界线和大陆海岸线总长四万余公里。边防海防哨所位于国家边界的最前线，是保卫国家主权和领土完整的第一站。大部分哨所处于边远地区，交通不便，条件恶劣，虽无雄伟的“国门”和涌动的人潮，但哨所官兵每天在边境线上站岗巡逻，维护界碑，履行着戍守祖国边疆、维护边境安全的光荣使命和职责。在每一个哨所每日升挂国旗是对国家主权的宣示，表明国家和军队捍卫国家领陆、领海神圣不可侵犯的决心，具有十分重大的意义。

根据本法第十二条的规定，上述场所或者机构所在地升挂国旗时，应当在早晨升起，傍晚降下。根据本法第十三条的规定，升挂国旗时，可以举行升旗仪式。举行升旗仪式时，在国旗升起的过程中，参加者应当面向国旗肃立致敬，并可以奏国歌或者唱国歌。以最为庄重和隆重的天安门广场升旗仪式为例，升旗仪式分为只有36名国旗护卫队队员参加的平时升旗和每月一日进行的大升旗。自“敬礼”口令下达到国旗升至顶端，现场播放3遍国歌（大升旗时会增加62名军乐团队员，在现场演奏3遍国歌）。早晨，太阳的上部边缘与天安门广场所见地平线相平时，为升旗时间；傍晚，太阳下落到地平线相平时为降旗时间，每日有所不同。天安门广场旗杆高32.6米，位于长安街南，广场北部中轴线上，与天安门城楼隔长安街相呼应。其他地方的升旗和降旗时间，不需要像天安门广场那样规定得那么严，只需要在早晨升起、傍晚降下即可。

第六条　国务院各部门，地方各级人民代表大会常务委员会、人民政府、人民法院、人民检察院，中国人民政治协商会议地方各级委员会，应当在工作日升挂国旗。

全日制学校，除寒假、暑假和星期日外，应当每日升挂国旗。

条文主旨

本条是对工作日升挂国旗和全日制学校升挂国旗的规定。

立法背景

1990 年 2 月，国务院提交第七届全国人大常委会第十二次会议审议的国旗法草案曾规定，各级人民代表大会常务委员会，县级以上人民政府、人民法院、人民检察院、中国人民政治协商会议，中央军事委员会，国务院各部委，应当每日升挂国旗。审议中，将全国人民代表大会常务委员会、国务院、中央军事委员会、最高人民法院、最高人民检察院、中国人民政治协商会议全国委员会与国务院各部门、地方各级人民代表大会常务委员会、人民政府、人民法院、人民检察院、中国人民政治协商会议地方各级委员会作了区分，规定前者应当每日升挂国旗，而后者应当在工作日升挂国旗。审议中，还将国旗法草案中的县级以上人民政府修改为地方各级人民政府，这样在工作日升挂国旗的就包括乡、镇人民政府。

国旗法草案曾规定，全日制各类学校应当每日升挂国旗。审议中，考虑到存在寒假、暑假等学校需要放假的问题，修改为全日制学校“除寒假、暑假和星期日外”，应当每日升挂国旗。

条文解读

国务院各部门，地方各级人民代表大会常务委员会、人民政府、人民法院、人民检察院，都是经法律或者国家最高权力机关的授权行使各种国家权力的机关；中国人民政治协商会议地方各级委员会是地方统一战线的组织形式。根据本条规定，上述机构应当在工作日升挂国旗。国务院各部门包括国务院的组成部门、国务院直属机构、国务院办事机构等。

学校是教育培养青少年健康成长的地方。根据本条规定，全日制学校，除寒假、暑假和星期日外，应当每日升挂国旗。这一规定是为了在青少年中进行国旗教育，教育他们从小尊重和爱护国旗，增强国家观念，维护国家的尊严。全日制学校包括全日制高校、高中、初中和小学。1990 年 8 月 24 日，当时的国家教委为了严格中小学升降国旗制度，使学生通过升降国旗这一具有教育意义的仪式受到深刻的爱国主义教育，发布了《关于施行〈中华人民共和国国旗法〉严格中小学升降国旗制度的通知》。1991 年 12 月 17 日，当时的国家教委办公厅就各级师范院校认真执行国旗法，严格升降国旗制度，发布了《关于施行〈中华人民共和国国旗法〉严格各级师范院校升降国旗制度的通知》。自 1995 年 5 月 1 日起，我国开始实行双休日制度，各类学校周六也不需要升挂国旗。

相关规定

《关于施行〈中华人民共和国国旗法〉严格中小学升降国旗制度的通知》;《关于施行〈中华人民共和国国旗法〉严格各级师范院校升降国旗制度的通知》

第七条　国庆节、国际劳动节、元旦和春节，各级国家机关和各人民团体应当升挂国旗；企业事业组织，村民委员会、居民委员会，城镇居民院（楼）以及广场、公园等公共活动场所，有条件的可以升挂国旗。

不以春节为传统节日的少数民族地区，春节是否升挂国旗，由民族自治地方的自治机关规定。

民族自治地方在民族自治地方成立纪念日和主要传统民族节日，可以升挂国旗。

条文主旨

本条是对重要节日、纪念日升挂国旗的规定。

条文解读

一、重要节日、纪念日各级国家机关和各人民团体应当升挂国旗

《全国年节及纪念日放假办法》是由政务院于1949年12月23日发布的，规定全体公民放假节日的天数为：新年1天，春节3天，劳动节1天，国庆节2天。1999年9月18日国务院对该办法作出修改，对劳动节、国庆节放假天数作了调整。2007年12月14日，国务院再次对该办法作出修改，一是将清明节、端午节、中秋节增加为全体公民放假的法定节日，各放假1天；二是将春节放假的时间从农历正月初一、初二、初三修改为农历除夕、正月初一、初二；三是将劳动节假期由3天缩减为1天。2013年12月11日，国务院第三次对该办法作出修改，将春节放假时间修改为农历正月初一、初二、初三。因此，目前全国普遍放假的节日有国庆节、国际劳动节、元旦、春节加上清明节、端午节、中秋节。国旗法是1990年6月28日第七届全国人民代表大会常务委员会第十四次会议审议通过的，按照当时《全国年节及纪念日放假办法》的规定，全国普遍放假的节日有国庆节、国

际劳动节、元旦、春节。国旗法草案第五条曾规定："国庆日、元旦和国际劳动节，社会团体和企业、事业单位应当升挂国旗；国家鼓励公民以家庭为单位升挂国旗。"在审议和征求意见过程中，许多委员和地方、部门提出，升挂国旗的节日应当增加春节，规定鼓励以家庭为单位升挂国旗难以执行。国旗法按照上述意见进行了修改，规定全国普遍放假的国庆节、国际劳动节、元旦、春节，各级国家机关和各人民团体应当升挂国旗，对家庭升挂国旗未作规定。

国庆节、国际劳动节、元旦和春节是我国重要的法定节日，每个节日都承载着不同的文化内涵和民众情感。升挂国旗是公民国家观念和爱国意识增强的一种表现。在这些重要的法定节日里升挂国旗，既有利于增强公民的国家观念，发扬爱国主义精神，也有利于烘托国庆节、国际劳动节、元旦和春节这四个节日的热烈气氛。

各级国家机关和各人民团体包括全国人民代表大会常务委员会，国务院，中央军事委员会，最高人民法院，最高人民检察院；中国人民政治协商会议全国委员会；国务院各部门，地方各级人民代表大会常务委员会、人民政府、人民法院、人民检察院，中国人民政治协商会议地方各级委员会。各人民团体指各工商联，各级青、工、妇等人民群众团体，是由中国共产党领导的，按照其各自特点组成的从事特定的社会活动的全国性群众组织，是中国人民政治协商会议的组成单位，即工会、青年团、妇联、科协、侨联、台联、青联、工商联等八家单位。按照本条规定，国庆节、国际劳动节、元旦和春节，上述单位应当升挂国旗。

二、重要节日、纪念日可以升挂国旗的规定

国庆节、国际劳动节、元旦和春节，企业事业组织，村民委员会、居民委员会，城镇居民院（楼）以及广场、公园等公共活动场所，有条件的可以升挂国旗。广场、公园等公共活动场所或者企业事业组织等办公场所、城镇居民院（楼）等，是人民群众比较集中，又经常出入的场所，在这些地点升挂国旗有利于人民群众培育爱国主义情感。考虑到我国各地经济文化等方面发展不太均衡，因此本法对此未作硬性要求，仅规定有条件的可以升挂国旗。《爱国主义教育实施纲要》（中发〔1994〕7号）明确要求："进行爱国主义教育，需要提倡必要的礼仪，特别要提倡有助于培养对国旗、国歌、国徽崇敬感的必要礼仪，增强人们的爱国主义情感。""国旗是国家的象征和标志，任何组织和公民都要遵守《中华人民共和国国旗法》。凡属《国旗法》规定应当升挂国旗的单位和场所，必须依法严格执行升旗制度。凡属《国旗法》规定可以升挂国旗的单位和场所，要积极创造条件，升挂国旗。"

三、对少数民族地区，民族自治地方升挂国旗的特殊规定

本条第一款中规定，各级国家机关和各人民团体在春节应当升挂国旗。考虑到有的少数民族地区不以春节为传统节日，草案曾规定："不以春节为传统节日的少数民族地区，春节可以不升挂国旗。"在常委会审议过程中，根据有些委员和民族委员会的意见，对上述规定作了修改，规定："不以春节为传统节日的少数民族地区，春节是否升挂国旗，由民族自治地方的自治机关规定。"

在审议和听取意见的过程中，有的委员和民族自治地方提出，应当规定自治区、自治州、自治县成立纪念日和传统民族节日，当地可以升挂国旗。该意见得到了采纳。本条增加一款规定："民族自治地方在民族自治地方成立纪念日和传统民族节日，可以升挂国旗。"

目前我国有100多个自治县、自治州的自治条例规定了自治县、自治州的成立纪念日。其中，有些自治县、自治州的自治条例中还规定了民族传统节日，如篝火节、盘王节、火把节等。民族自治地方在民族自治地方成立纪念日和主要传统民族节日，可以升挂国旗。

第八条　举行重大庆祝、纪念活动，大型文化、体育活动，大型展览会，可以升挂国旗。

条文主旨

本条是关于可以升挂国旗的场合的规定。

条文解读

除本法第五条至第七条规定的各种应当升挂国旗的场合和情形外，在有些场合可以根据具体情况确定是否悬挂国旗，主要包括三类情况：

一是举行重大庆祝、纪念活动。1949年中央政府委员会起草的《国旗制造及悬挂办法（草案）》中，就曾经明确规定国际性的集会、公众集会等应当悬挂国旗。1984年中央宣传部制定的《关于中华人民共和国国旗升挂的暂行办法》（中宣通〔1984〕20号）进一步明确，纪念性、庆祝性公共集会可以升挂国旗。本条规定中的“重大”，在实践中可以根据实际情况作不同理解，包括活动规格重大，例如2001年7月13日党和国家领导人参加在中华世纪坛举行的北京申奥成功庆祝活动，2014年9月3日在中国人民抗日战争纪念馆举行的中国人民抗日战争暨世界反法西斯战争胜利69周年纪念日向抗战烈士敬献花篮仪式，在侵华日军南京大屠杀遇难同胞纪念馆举行的国家公祭活动等都在现场升挂国旗；也包括虽然是一些地方基层单位组织，但是庆祝和纪念的事项本身重大的活动，例如国庆节庆祝活动、公祭活动等。需要注意的是，本条对于举行重大庆祝、纪念活动的主体没有加以限制。

二是大型文化、体育活动。这一类规定的范围比较广泛，包括群众性的文化体育活动，例如在公园、风景游览区、游乐园、广场、体育场（馆）、展览馆、俱乐部、公共道路、居民生活区等公共场所举办的演唱会、音乐会等文艺活动，游园、灯会、花会、龙舟会等民间传统活动，体育比赛、民间竞技、健身气功等群众性体育活动和其他群众性文化体育活动，也包括一些专业的竞技体育比赛，例如全国综合性运动会、全国单项体育竞赛、地方综合性运动会和地方单项体育竞赛等。在日常行政管理过程中，为了社会秩序、公共安全和社会稳定，一些地方性法规或者地方政府规章对大型活动作了界定，并要求履行一定的报批手续，例如《北京市大型社会活动安全管理条例》规定，对单场次参加人数一千以上的大型活动实行安全许可。但是本条规定中的“大型”需要作比较宽泛的理解，虽然一些群体性活动可能达不到实行安全许可的规模，但是为了表达爱国情感，也可以升挂国旗。

三是大型展览会。展览会通常是指举办单位（包括主办单位和承办单位）以招展方式在固定的场馆及预定时期内举办，通过物品、技术或者服务的展示，进行信息交流，促进科技、贸易发展的商业性活动。展览会虽然通常都属于商业活动，但是大型展览会通常有各国参展方参加，为突出中国作为主办方的地位，也可以悬挂国旗，例如在广州举行的中国进出口商品交易会（广交会），在展馆外悬挂国旗。需要注意的是，在大型展览会如果需要同时悬挂国旗与其他国家国旗或者其他旗帜，需要遵守本法第十五条关于国旗悬挂的规定。

第九条　外交活动以及国家驻外使馆领馆和其他外交代表机构升挂、使用国旗的办法，由外交部规定。

条文主旨

本条是对外交部的授权规定。

立法背景

考虑到外交活动以及国家驻外使馆领馆和其他外交代表机构升挂、使用国旗有其特殊性，涉外升挂和使用国旗的办法本法授权外交部规定。《国旗法》由1990年6月28日第七届全国人民代表大会常务委员会第十四次会议审议通过，自1990年10月1日起施行。外交部于1991年4月15日制定了《关于涉外升挂和使用国旗的规定》，确定涉外升挂和使用国旗的范围和办法，印发各省、自治区、直辖市人民政府，国务院各部委、各直属机构，要求遵照执行。该规定既对悬挂国旗的一般要求作了规定，也对涉外活动在不同场合和情形下怎样升挂、使用国旗作了具体规定。

按照《外交部关于涉外升挂和使用国旗的规定》，悬挂国旗一般应以旗的正面面向观众，不得随意交叉悬挂或竖挂，更不得倒挂。有必要竖挂或者使用国旗反面时，必须按照有关国家的规定办理。

条文解读

涉外活动中升挂、使用国旗的具体要求主要有以下几种：

一、关于外国贵宾的活动

《外交部关于涉外升挂和使用国旗的规定》第二条规定："（一）下列外国贵宾以本人所担任公职的身份单独或率领代表团来华进行正式访问时应当升挂国旗：国家元首、副元首；政府首脑、副首脑；议长、副议长；外交部长和国防部长、总司令或总参谋长；率领政府代表团的正部长；国家元首或政府首脑派遣的特使。（二）接待外国国家元首（含副元首）和政府首脑时，在重大礼仪活动场所，如欢迎仪式、欢迎宴会、正式会谈、签字仪式等，升挂中国国旗和来访国国旗。（三）接待外国政府副首脑时，在重大礼仪活动场所，如正式会谈、签字仪式等，升挂中国国旗和来访国国旗。（四）接待本条第一款中其他外国贵宾时，在重大礼仪活动场所，如正式会谈、签字仪式等，可以悬挂中国国旗和来访国国旗。（五）接待本条第一款中所列的外国贵宾时，可以在贵宾的住地升挂来访国国旗，在贵宾乘坐的交通工具上悬挂中国国旗和来访国国旗。（六）外国国家元首如有特制元首旗，可按对方意愿和习惯做法，在其座车和下榻的宾馆升挂元首旗。"

二、重要国际活动场所

重要的国际活动场所可以升挂和使用国旗的情形有：（一）国际条约和重要协定的签字仪式可以悬挂中国国旗和有关签约国国旗；（二）国际会议、文化、体育活动，展览会，博览会等，可以升挂中国国旗和有关国家的国旗；（三）外国政府经援项目以及大型中外合资经营企业、中外合作经营企业、外资企业的奠基、开业、落成典礼以及重大庆祝活动可以同时升挂中国国旗和有关国国旗；（四）民间团体在双边和多边交往中举行重大庆祝活动时，可以同时升挂中国国旗和有关国国旗。

三、关于驻我国外国机构及在我国境内的公民

（一）外国驻中国使、领馆和其他外交代表机构可以按照《中华人民共和国外交特权与豁免条例》和《中华人民共和国领事特权与豁免条例》升挂派遣国国旗；（二）其他外国常驻中国的机构、外商投资企业，凡平日在室外或公共场所升挂本国国旗者，必须同时升挂中国国旗；（三）外国公民在中国境内平日不得在室外和公共场所升挂国籍国国旗。遇其国籍国国庆日，可以在室外或公共场所悬挂其国籍国国旗，但必须同时悬挂中国国旗。（四）遇中国由国家成立的治丧机构或国务院决定全国下半旗志哀日，外国常驻中国的机构和外国投资企业，凡当日挂旗者，应该降半旗。（五）外国驻华机构、外商投资企业、外国公民在同时升挂中国和外国国旗时，必须将中国国旗置于上首或中心位置。外商投资企业同时升挂中国国旗和企业旗时，必须把中国国旗置于中心、较高或者突出的位置。

四、出国参加各种国际活动

中国国家领导人和各种代表团出国访问，根据东道国的规定和习惯做法升挂中国和东道国国旗。出国参加各种国际会议、文化体育活动，展览会，博览会等，可以按东道国或有关主办单位的规定和习惯做法悬挂中国国旗。

五、驻外外交机构

（一）中国派驻外国的外交代表机关和领事机关，按照《维也纳外交关系公约》和《维也纳领事关系公约》可以在馆舍和馆长官邸升挂中国国旗。各馆可以根据当地习惯每日或在重大节庆日（即中国国庆日、国际劳动节、元旦、春节和驻在国国庆日）升挂中国国旗。（二）新开馆或闭馆时应该举行升旗或降旗仪式。（三）在馆舍以外开设的办公处不升挂中国国旗。（四）外交代表机关的馆长乘用的交通工具可以悬挂中国国旗，领馆馆长在执行公务时乘用的交通工具可以悬挂中国国旗。（五）中国派驻外国的外交代表机关和领事机关的馆长举行国庆招待会、建交庆祝活动和为中国领导人访问举行的重大活动时，可以在活动场所悬挂中国国旗和驻在国国旗。（六）中国常驻各国际组织的代表团或代表处可按照以上办法升挂中国国旗。（七）中国派驻外国的外交代表机关和领事机关降半旗的情况：中华人民共和国主席、全国人民代表大会常务委员会委员长、国务院总理、中央军事委员会主席逝世；中国国内发生特别重大伤亡的不幸事件或者严重自然灾害造成重大伤亡，国务院决定降半旗；中国外交部通知降半旗。驻在国国家元首和政府首脑逝世，可以根据驻在国的规定降半旗；在驻在国因发生严重自然灾害造成重大伤亡决定降半旗志哀时，可以降半旗。其他驻外机构，凡平日挂旗者，参照上述规定降半旗。

六、中国国旗与外国国旗并挂

（一）在中国境内，凡同时悬挂多国国旗时，必须同时悬挂中国国旗。在室外或公共场所，只能升挂与中国建立外交关系的国家的国旗。如要升挂未建交国国旗，必须事先征得省、自治区、直辖市人民政府外事办公室批准。（二）中国国旗与外国国旗并挂时，各国国旗应该按照各国规定的比例制作，尽量做到旗的面积大体相等。（三）多国国旗并列升挂，旗杆高度应该划一。升挂时必须先升中国国旗，降落时最后降中国国旗。同一旗杆上不能升挂两个国家的国旗。遇有需要夜间在室外悬挂国旗时，国旗必须置于灯光照射之下。（四）在中国境内举办双边活动需要悬挂中国和外国国旗时，凡中方主办的活动，外国国旗置于上首；对方举办的活动，则中国国旗置于上首。中国国旗同联合国旗并挂，也参照上述规定办理。（五）在中国境内，中国国旗与多国国旗并列升挂时，中国国旗应该置于荣誉地位。一列并排时，以旗面面向观众为准，中国国旗在最右方；单行排列时，中国国旗在最前面；弧形或从中间往两旁排列时，中国国旗在中心；圆形排列时，中国国旗在主席台（或主入口）对面的中心位置。

此外，中国派驻外国的外交代表机关和领事机关以外的其他常驻机构，中国在外国的投资企业和旅居外国的中国公民，根据所在国的规定和习惯做法升挂国旗。各省、自治区、直辖市人民政府外事办公室，如与省、自治区、直辖市人民政府不在同一建筑物内办公，可以在工作日升挂国旗。

七、对外商投资企业升挂国旗和使用国旗的管理

1990 年国旗法公布实施以来，多数企业事业组织能够按照国旗法和外交部关于涉外升挂和使用国旗的规定升挂和使用国旗。但是，也有一些企业事业组织，特别是外商投资企业，在升挂和使用国旗时违反有关规定。有的中外合资企业的门口，只悬挂合资外方所属国国旗；有的在同时升挂中国国旗和外国国旗时，没有将中国国旗置于中心或首位，在人民群众中造成了不良影响。

国旗是国家的象征和标志，代表国家的主权和尊严。为了维护国家的主权和尊严，加强对外商投资企业升挂和使用国旗的管理，1998年10月18日，国务院办公厅下发《关于加强对外商投资企业升挂和使用国旗管理的通知》（国办函〔1998〕50号），依照国旗法和有关规定，对加强外商投资企业升挂和使用国旗的管理作出具体要求。（一）外国政府经援项目以及大型中外合资经营企业、中外合作经营企业、外资企业的奠基、开业、落成典礼以及重大庆祝活动，可以同时升挂中国国旗和有关外方所属国国旗。（二）外商投资企业，凡平时在室外或公共场所升挂本国国旗时，只能升挂与中国建立外交关系的国家的国旗，并且必须同时升挂中国国旗。如有需要升挂未与中国建立外交关系国家的国旗，须由省、自治区、直辖市人民政府外事办公室请示外交部。（三）外商投资企业同时升挂中国和外方所属国国旗时，必须将中国国旗置于首位或中心位置。外商投资企业同时升挂中国国旗和企业旗时，必须把中国国旗置于中心、较高或突出的位置。（四）各省、自治区、直辖市人民政府外事办公室要加强对外商投资企业升挂和使用国旗的监督管理，对违反有关规定升挂和使用国旗的外商投资企业要令其纠正。

第十条　军事机关、军队营区、军用舰船，按照中央军事委员会的有关规定升挂国旗。

条文主旨

本条是对军事机关和军队升挂国旗的规定。

条文解读

考虑到军事机关、军队营区、军用舰船升挂使用国旗有其特殊性，本法规定军事机关、军队营区、军用舰船按照中央军事委员会的有关规定升挂国旗。《国旗法》于1990年6月28日经第七届全国人民代表大会常务委员会第十四次会议审议通过，自1990年10月1日起施行。为了维护和捍卫国旗的尊严，增强军人的国家观念，发扬爱国主义精神，依据本法的规定，结合军队的实际情况，中央军事委员会制定了《中国人民解放军升挂国旗规定》，自1990年10月1日起施行。其主要内容包括：

(一) 升挂国旗的单位和时间：中央军委机关各部门、国防部外事部门、各军区、各军兵种、国防科工委、军事科学院、国防大学，边防海防哨所、驻边境口岸的军队外事机构等，应当每日升挂国旗。省军区、军分区和辖部队的军级以下机关，应当在工作日升挂国旗。军队院校除寒假、暑假和星期日外，应当每日升挂国旗。其他军事机关、单位，军队家属区，军队企事业单位，应当在国庆节、建军节、国际劳动节、元旦、春节升挂国旗。军事机关、部队、院校及其他军事单位，举行重大庆祝、纪念活动，大型文化、体育活动，大型展览会，可以升挂国旗。驻民族自治地区部队的师级以上机关，在民族自治地区规定升挂国旗的纪念日和主要传统节日，可以升挂国旗。

(二) 升挂国旗的地点：每日或工作日升挂国旗的军事机关、单位，应当选择显著地点竖立旗杆升挂国旗；逢国庆节、建军节、国际劳动节、元旦、春节升挂国旗的军事机关、单位，有条件的，也应当竖立旗杆升挂国旗；未竖立旗杆的，应当将国旗升挂于显著的位置。

（三）军队升挂国旗的仪式，根据《中国人民解放军内务条令》的规定办理。2010年6月，中央军事委员会制定的《中国人民解放军内务条令》第二十章对国旗、军旗、军徽的使用和国歌、军歌的奏唱作了专章规定。军人必须维护和捍卫国旗的尊严。举行升国旗仪式时，应当遵守下列规定：在升旗地点附近列队；国旗升起过程中，可以奏唱国歌；全体军人应当军容严整，面向国旗立正，着军服的行举手礼，着便服的行注目礼。奏唱国歌时，应当自行立正；着军服参加外事活动，听到奏国歌时行举手礼。

团以上单位军政主官的办公室和承担外事任务的机关办公室，可以在显著位置插置国旗。插置的国旗，应当根据国旗法的规定，选择适当的尺度，旗杆垂直，旗面自然下垂。

（四）升降国旗的方法按照《中国人民解放军队列条令》的规定执行。国旗由一名掌旗员掌持，两名护旗兵护旗，护旗兵位于掌旗员两侧。掌旗员和护旗兵应当具备良好的军政素质和魁梧匀称的体形。掌持国旗的姿势为扛旗。扛旗要领有：右手将旗扛于右肩，旗杆套稍高于肩，右臂伸直，右手掌心向下握旗杆，左手放下。听到“齐步——走”的口令，开始行进。国旗的升降要领有：升旗时，掌旗员将旗交给护旗兵，由两名护旗兵协力将国旗套（挂）在旗杆绳上并系紧，掌旗员将国旗抛展开的同时，由护旗兵协力将旗升至旗杆顶。降旗时，由护旗兵解开旗杆绳并将旗降下，掌旗员接扛于肩。下半旗时，先将国旗升至旗杆顶，然后徐徐降至旗顶与旗杆顶之间的距离为旗杆全长的三分之一处；降旗时，先将国旗升至旗杆顶，然后再降下。升、降国旗时，掌旗员应当面向国旗行举手礼。

（五）世界各国一般在军舰上悬挂国旗和在民用船只上稍有不同。悬挂满旗时，国旗悬挂在桅顶，军旗悬挂在舰首，海军旗悬挂在舰尾。应当悬挂满旗的舰艇在航行或者移动泊位、担负执勤任务以及遇有雨天、六级以上大风时，可以免挂满旗，但日间应当悬挂国旗、军旗、海军旗。我国制定了《中国人民解放军海军舰艇条令》对此予以规定。

相关规定

《中国人民解放军升挂国旗规定》；《中国人民解放军内务条令》第二十章；《中国人民解放军队列条令》第五十二条和第五十三条；《中国人民解放军海军舰艇条令》

第十一条　民用船舶和进入中国领水的外国船舶升挂国旗的办法，由国务院交通主管部门规定。

公安部门执行边防、治安、消防任务的船舶升挂国旗的办法，由国务院公安部门规定。

条文主旨

本条是对国务院有关主管部门分别制定民用船舶及公安部门船舶升挂国旗办法的规定。

条文解读

民用船舶包括中国民用船舶和进入中国领水的外国民用船舶。基于船舶特有的用途和运行方式，升挂国旗以表示船舶的国籍身份，体现国家的主权和尊严，意义重大。关于民用船舶升挂国旗的办法，由国务院交通部门予以规定。1991 年 10 月 10 日交通部颁布了《船舶升挂国旗管理办法》。该办法对中国籍民用船舶以及进入中华人民共和国内水、港口、锚地的外国籍船舶升挂国旗作了明确规定。主要包括下列内容：一是关于中国籍船舶。依照中华人民共和国有关船舶登记法规办理船舶登记，取得了中华人民共和国国籍的船舶，方可将中国国旗作为船旗国国旗悬挂。除遇有恶劣天气时，可以不升挂中国国旗外，中国籍船舶中 50 总吨及以上的船舶、航行在中国领水以外水域和香港、澳门地区的船舶、公务船舶，应当每日悬挂中国国旗。中国籍船舶应将中国国旗悬挂于船尾旗杆上。船尾没有旗杆的，应悬挂于驾驶室信号杆顶部或右横桁。外国国家领导人乘坐、参观中国籍船舶，或我国国家领导人利用中国籍船舶举行欢迎外国国家领导人的仪式，需要悬挂两国以上国旗的，按照有关涉外悬挂和使用国旗的规定办理。船舶取得中华人民共和国国籍后，第一次升挂中国国旗时，可以举行升旗仪式。中国籍船舶改变国籍，在最后一次降中国国旗时，可以举行降旗仪式。降旗仪式可参照升旗仪式进行。降旗仪式后，船长或船舶其他负责人应将中国国旗妥善保管，送交船舶所有人。船舶遇难必须弃船时，船长或船舶其他负责人应指定专人降下中国国旗，并携带离船，送交船舶所有人。遇有《国旗法》第十四条规定的情形时，港务监督机构应通知或通过船舶代理人、所有人通知船舶下半旗。二是关于外国籍船舶。进入中华人民共和国内水、港口、锚地的外国籍船舶，应当每日悬挂中国国旗。外国籍船舶悬挂的中国国旗尺度，一般应不小于其悬挂的船旗国国旗的尺度。外国籍船舶悬挂中国国旗，应悬挂于前桅或驾驶室信号杆顶部或右横桁。中国国旗与其他旗帜同时悬挂于驾驶室信号杆右横桁时，中国国旗应悬挂于最外侧。外国籍船舶根据船旗国的规定需将船旗国国旗下半旗的，应向港务监督机构报告。三是关于法律责任。对违反《国旗法》和《船舶升挂国旗管理办法》的船舶和船员，港务监督机构应令其立即纠正，并可根据情节，按照国旗法和我国其他有关规定予以处罚。外国籍船舶拒绝按港务监督机构的要求纠正的，港务监督机构可令其驶离中华人民共和国内水、港口、锚地。1994 年 6 月 2 日，国务院颁布《中华人民共和国船舶登记条例》，第四十九条规定："假冒中华人民共和国国籍，悬挂中华人民共和国国旗航行的，由船舶登记机关依法没收该船舶。中国籍船舶假冒外国国籍，悬挂外国国旗航行的，适用前款规定。"

公安部门执行边防、治安、消防等特殊任务，公安部门用于执行边防、治安、消防任务的船舶国旗升挂办法，由国务院公安部门规定。

相关规定

《中华人民共和国船舶登记条例》第四十九条；《船舶升挂国旗管理办法》；《沿海船舶边防治安管理规定》

第十二条 依照本法第五条、第六条、第七条的规定升挂国旗的，应当早晨升起，傍晚降下。

依照本法规定应当升挂国旗的，遇有恶劣天气，可以不升挂。

条文主旨

本条是对升降国旗时间的规定。

立法背景

国旗是国家的象征，热爱、尊重国旗是爱国主义的具体表现。升挂国旗要做到严肃认真，防止任何不庄重的现象发生。关于国旗的升降时间，很多国家作了相关规定。一些国家国旗法规定，国旗应在早晨升起，在傍晚落下，如美国、菲律宾。美国法典还规定，为表达爱国感情，在有适当照明时国旗可以 24 小时悬挂。此外，在元旦、圣诞、宪法纪念日、独立日、国旗日、父亲节、母亲节、林肯诞辰纪念日、马丁·路德金诞辰纪念日等 20 多个重大节日、纪念日应全天悬挂。菲律宾《国旗、国歌、国家箴言、国徽和其他徽章项目和物品法》还规定，在工作开始时应悬挂国旗，且整天保持飘扬。还有一些国家规定在晚上升挂国旗，如新加坡、菲律宾规定国旗在晚上悬挂时应以适当方式照亮。国旗法规定悬挂的时间是为了确保升降国旗的严肃性和崇高性。关于升挂的天气，大多数国家规定天气恶劣时可不悬挂国旗。美国法典规定，天气恶劣时可不悬挂国旗，但可适应各类天气的国旗已经升挂的除外。

条文解读

一、升挂时间

在本法第五条、第六条、第七条规定场合下，升挂国旗的，如遇到恶劣天气，不利于国旗升挂的，可以不升挂国旗。

早晨是指每日天明之际，从天将亮到八九点钟的一段时间。

早晨为一天之始，往往被视为充满朝气的时刻，因此中国古语亦说“一日之计在于晨”。傍晚，指日落前后的时间，即日光至晚上的过渡时刻。日落不见而天色未黑，天色先黄后暗。由于冬夏时间差异，所以傍晚一般是指 18∶00 至 20∶00。各地关于升降国旗的具体时间只要在上述范围内即可。关于天安门升降国旗，新中国成立初期，对国旗升降仪式及时间并无严格规范。自 1982 年起由武警部队执行护卫国旗任务（之前由北京卫戍区部队执行该任务），并很快组建国旗班。新的升旗仪式对时间要求非常严格，为表现祖国与日月同辉之意，每天让国旗与太阳同升同降。

在实践中，各地国旗升挂时间略有不同。《国旗法》制定后，一些地方根据所处地理位置、工作情况，针对行政单位、广场等特殊区域升挂国旗的时间进行了规定。有的根据不同季节确定升降国旗的时间，如《南宁市广场升挂国旗管理办法》第八条规定：广场升挂国旗夏季时间，即每年 5 月 1 日至 11 月 30 日，为北京时间 7∶00 升起，18∶30 降下；冬季时间，即每年 12 月 1 日至次年 4 月 30 日，为北京时间 7∶30 升起，18∶30降下。举行升挂国旗仪式开始时间夏季一般为北京时间 8∶00，冬季一般为北京时间 8∶30。《阜新市街心广场升挂国旗管理办法》第六条规定：升挂国旗时间每年 5 月 1 日至 10 月 31 日，为北京时间 6∶30 升起，18∶30 降下；11 月 1 日至次年 4 月 30 日，为北京时间 7∶30 升起，17∶30 降下。有的只规定升国旗的时间，如《呼和浩特市新华广场国旗升挂管理规定》第六条规定：国庆节、国际劳动节、元旦、春节及自治区成立纪念日均要按《中华人民共和国国旗法》的规定升挂国旗。具体时间为，夏季 7∶00，冬季早 8∶00，特殊情况另定。有的按照上下班时间确定升降国旗的时间，如

《丽水市行政中心升降国旗管理办法》第三条规定：无特殊情况，在工作日应升降国旗，国旗应在上午上班前40分钟升起，下午下班后30分钟降下，双休日不升降国旗。

二、恶劣天气

恶劣天气是气象学上所指的发生突然、移动迅速、剧烈、破坏力大的灾害性天气，根据中国国家气象局制定的《气象灾害预警信号发布与传播办法》关于气象灾害的相关标准，恶劣天气主要包括台风、暴雨、暴雪、大风、沙尘暴、高温、雷电、冰雹、大雾、霾等。其中，各种恶劣天气达到的标准如下：台风的标准是24小时内可能或者已经受热带气旋影响，沿海或者陆地平均风力达6级以上，或者阵风8级以上并可能持续。暴雨的标准是12小时内降雨量将达50毫米以上，或者已达50毫米以上且降雨可能持续。暴雪的标准是12小时内降雪量将达4毫米以上，或者已达4毫米以上且降雪持续，可能对交通或者农牧业有影响。大风的标准是24小时内可能受大风影响，平均风力可达6级以上，或者阵风7级以上；或者已经受大风影响，平均风力为6至7级，或者阵风7至8级并可能持续。沙尘暴的标准是12小时内可能出现沙尘暴天气（能见度小于1000米），或者已经出现沙尘暴天气并可能持续。雷电的标准是6小时内可能发生雷电活动，可能会造成雷电灾害事故。冰雹的标准是6小时内可能出现冰雹天气，并可能造成雹灾。大雾的标准是12小时内可能出现能见度小于500米的雾，或者已经出现能见度小于500米、大于等于200米的雾并将持续。霾的标准是12小时内可能出现能见度小于3000米的霾，或者已经出现能见度小于3000米的霾且可能持续。

在实践中，《国旗法》制定后，一些地方明确列举了恶劣天气具体种类。《温州市国旗升挂使用管理办法》《无锡市国旗管理暂行办法》规定，升挂国旗，应当早晨升起，傍晚降下。遇有雨雪、台风等恶劣天气，可以不升挂。《上海市升挂使用国旗管理办法》《本溪市升挂使用国旗管理办法》规定，遇到下列恶劣天气，可以不升挂：（一）风暴、台风；（二）雨天、雪天；（三）其他影响国旗正常升挂的恶劣天气。《丽水市行政中心升降国旗管理办法》第九条规定，国旗升挂日遇有恶劣天气（台风、10级以上大风、雷暴雨、风雪冰雹等）可以不升挂。当遇有不良天气，由市级机关事务管理局警卫处提出意见，经市级机关事务管理局主要领导同意，确定是否升挂国旗。

第十三条　升挂国旗时，可以举行升旗仪式。

举行升旗仪式时，在国旗升起的过程中，参加者应当面向国旗肃立致敬，并可以奏国歌或者唱国歌。

全日制中学小学，除假期外，每周举行一次升旗仪式。

条文主旨

本条是关于升旗仪式的规定。

立法背景

升挂国旗除按照本法第十二条的要求，早晨升起，傍晚降下以外，还可以举行专门的升旗仪式。与日常升挂国旗不同，升旗仪式是专门为了升国旗举行的遵循一定程序和礼仪要求的特定典礼仪式。党的十一届三中全会后，在全国各地一些学校里，就开始建立升降国旗制度，到《国旗法》颁布前，中小学已经比较普遍地建立起升降国旗制度。在国旗法起草过程中，各方面普遍赞扬中小学的升降国旗制度，并认为在全国各部门、各行业中，中小学校是做得最好的，应当以法律形式将升旗仪式固定下来。国旗是国家的标志和象征，升旗仪式要求在场人员遵循相应的礼仪，在国歌声中注视国旗冉冉升起，在庄重的氛围中进行爱国主义教育，具有很好的效果。特别是本条对于中小学作了专门要求，将升旗仪式作为每周必须进行的固定程序，通过反复参加升旗仪式，强化青少年的国家观念和国家意识。

条文解读

一、升旗仪式的程序和礼仪

本条对于升旗仪式的流程没有具体规定，但是从实践看，通常包括出旗、奏唱国歌、升旗等环节。例如，国旗法通过后，国家教育委员会于1990年8月24日制定了《关于施行〈中华人民共和国国旗法〉严格中小学升降国旗制度的通知》。其中规定，举行升旗仪式时，在校的全体师生参加，整齐列队，面向国旗，肃立致敬。升旗仪式程序是：（一）出旗（旗手持旗，持旗方式可因地制宜，护旗在旗手两侧，齐步走向旗杆，在场的全体师生立正站立）；（二）升旗（奏国歌，全体师生行注目礼，少先队员行队礼）；（三）唱国歌；（四）国旗下讲话（由校长或其他教师、劳动模范、先进人物等作简短而有教育意义的讲话）。具体出旗和升旗的动作规范，可以参考《中国人民解放军队列条令》的规定：国旗由一名掌旗员掌持，两名护旗兵护旗，护旗兵位于掌旗员两侧。掌旗员和护旗兵应当具备良好的军政素质和魁梧匀称的体形。掌持国旗的姿势为扛旗。扛旗要领：右手将旗扛于右肩，旗杆套稍高于肩，右臂伸直，右手掌心向下握旗杆，左手放下。听到“齐步——走”的口令，开始行进。升旗时，掌旗员将旗交给护旗兵，由两名护旗兵协力将国旗套（挂）在旗杆绳上并系紧，掌旗员将国旗抛展开的同时，由护旗兵协力将旗升至旗杆顶。

关于升旗仪式中奏唱国歌的要求，本条规定“并可以奏国歌或者唱国歌”。同时，《国歌法》第四条规定，应当奏唱国歌的场合中，包括升国旗仪式。根据本条和国歌法规定，在举行升旗仪式时，应当奏唱国歌，但是可以根据实际情况选择奏国歌或者唱国歌或者同时奏唱国歌。例如，在天安门广场升旗时，通常为奏国歌；中小学升旗仪式时，一般为在升旗过程中奏国歌，在升旗结束后再唱国歌；2017 年在内蒙古朱日和举行的庆祝中国人民解放军建军九十周年阅兵前的升旗仪式上，则是同时奏唱国歌。

各国普遍的参加升旗仪式的礼仪都是面向国旗、行注目礼，但是也有一些国家规定了特殊的动作。例如，美国国旗法要求，在场人员除着制服者以外，其他人员面向国旗，将右手抚于左胸心脏部位，这一礼仪被称为效忠美国礼，外国人在美国参加升旗仪式，则没有这一要求，只需要肃立即可。我国国旗法规定的参加升旗仪式的人应当遵守的礼仪是面向国旗，同时肃立致敬。面向国旗是表示对国旗的尊重，肃立是指恭敬严肃地站立，升国旗仪式是非常神圣庄重的场合，不得嬉笑打闹、随意走动。致敬对于一般公众而言，就是行注目礼，要求身体直立，眼睛注视目标。对于军人和其他着制式服装的人员以及少先队员，则有不同的致敬要求。例如《中国人民解放军内务条令》规定，升国旗时，在场的全体军人应当面向国旗立正，着军服的行举手礼，着便服的行注目礼。奏唱国歌时，应当自行立正；着军服参加外事活动，听到奏国歌时行举手礼。《关于施行〈中华人民共和国国旗法〉严格中小学升降国旗制度的通知》规定，升旗时少先队员行队礼。

二、关于中小学升旗仪式的要求

本条规定，全日制中小学，除假期外，每周举行一次升旗仪式。全日制教育是学生全日在学校学习，或者大部分时间从事学习的一种教育制度。目前，我国只有高等教育法规定了高等教育采用全日制和非全日制教育形式。中学和小学已均为全日制学校。本条要求每周举行一次升旗仪式，没有规定具体时间。《关于施行〈中华人民共和国国旗法〉严格中小学升降国旗制度的通知》对此作了进一步明确，要求除了寒暑假和恶劣天气以外，每周星期一早晨举行升旗仪式。除了国歌法明确规定的要求外，1994 年的《爱国主义教育实施纲要》（中发〔1994〕7 号）进一步规定，学校在开学典礼、毕业典礼、运动会等大型集体活动中提倡举行庄严、隆重升旗仪式。提倡各地组织年满 18 周岁的公民举行对国旗宣誓的成人仪式。有条件的大中城市，国庆节等重要节日可以在城市中心广场举行隆重升旗仪式。此外，有的地方政府规章中，也对当地比较重要广场举行升旗仪式的时间作了具体规定。例如，《呼和浩特市新华广场国旗升挂管理规定》要求，凡在新华广场进行的全市性庆祝活动、纪念活动及大型文体活动，根据情况可举行升挂国旗仪式。《南宁市广场升挂国旗管理办法》规定，民族广场在国庆节、国际劳动节、元旦和春节等重要节日组织举行升挂国旗仪式。

相关规定

《关于施行〈中华人民共和国国旗法〉严格中小学升降国旗制度的通知》;《爱国主义教育实施纲要》

第十四条 下列人士逝世，下半旗志哀：

（一）中华人民共和国主席、全国人民代表大会常务委员会委员长、国务院总理、中央军事委员会主席；

（二）中国人民政治协商会议全国委员会主席；

（三）对中华人民共和国作出杰出贡献的人；

（四）对世界和平或者人类进步事业作出杰出贡献的人。

发生特别重大伤亡的不幸事件或者严重自然灾害造成重大伤亡时，可以下半旗志哀。

依照本条第一款（三）、（四）项和第二款的规定下半旗，由国务院决定。

依照本条规定下半旗的日期和场所，由国家成立的治丧机构或者国务院决定。

条文主旨

本条是关于下半旗的规定。

立法背景

下半旗为当今世界上通行的一种志哀方式，其具体做法根据《国旗法》第十六条第二款的规定，应当先将国旗升至杆顶，然后降至旗顶与杆顶之间的距离为旗杆全长的三分之一处。这种做法最早见于1612年，英国船只“哈兹·伊斯”号在探索北美北部通向太平洋的水道时，船长不幸逝世。船员们为了表达对已故船长的敬意，将桅杆旗帜下降到离旗杆顶端有一段距离的地方。到十七世纪下半叶，这种志哀方式流传到大陆上，遂为各国所采用，至今已有三百多年的历史。

1984年中央宣传部《关于中华人民共和国国旗升挂的暂行办法》中曾对降半旗作了原则规定：“遇有国家重大丧事，由国家通告降半旗时，须先升至旗杆之顶，然后降落，降落后旗顶至杆顶的距离等于旗杆全长的三分之一。”在国旗法通过前，曾有过20次下半旗志哀。

条文解读

一、下半旗的情形

国旗法对于下半旗的情形进一步作了具体规范，根据本条第一款和第二款规定，我国下半旗的情形分为两类：第一类是特定人士逝世后，下半旗志哀；第二类是发生重大伤亡的事件或者灾害时，下半旗志哀。

第一类情形又包括四类特定人士：（一）中华人民共和国主席、全国人民代表大会常务委员会委员长、国务院总理、中央军事委员会主席。（二）中国人民政治协商会议全国委员会主席。根据中国人民政治协商会议章程规定，中国人民政治协商会议全国委员会主席主持中国人民政治协商会议全国委员会常务委员会的工作。国旗法通过后，这种情况出现过一次，即1992年时任全国政协主席李先念同志逝世。（三）对中华人民共和国作出杰出贡献的人。（四）对世界和平或者人类进步事业作出杰出贡献的人。在国旗法通过前，苏共中央总书记斯大林、越南国家主席胡志明、前南斯拉夫总统铁托等逝世后，我国下半旗志哀就属于这种情况。国旗法通过后，朝鲜国家主席金日成和柬埔寨西哈努克亲王逝世后，适用这一项规定决定下半旗志哀。

第二类情形是发生特别重大伤亡的不幸事件或者严重自然灾害造成重大伤亡时，可以下半旗志哀。其中，发生特别重大伤亡的不幸事件，既包括事件发生后短时间内决定下半旗，例如2010年香港旅行团在马尼拉被挟持事件、2012年澳门南丫岛撞船事故等，也可以为了悼念遇难者每年特定时点下半旗，例如2014年全国人大常委会通过关于设立南京大屠杀死难者国家公祭日的决定后，每年12月13日在特定场合举行下半旗仪式。自然灾害通常包括火灾、水灾、地震、台风等，如造成重大伤亡，也可以下半旗志哀。例如2008年汶川地震、2010年玉树地震、2010年甘肃舟曲县特大泥石流等。

二、下半旗的决定机构和日期、场所

本条第一款第一项和第二项规定，中华人民共和国主席、全国人民代表大会常务委员会委员长、国务院总理、中央军事委员会主席、中国人民政治协商会议全国委员会主席逝世后下半旗，上述在任的领导人逝世下半旗属于法律直接规定的情形，不需要再由国务院决定下半旗。除此以外，对中华人民共和国作出杰出贡献的人、对世界和平或者人类进步事业作出杰出贡献的人逝世，以及发生特别重大伤亡的不幸事件或者严重自然灾害造成重大伤亡时下半旗，都需要由国务院决定。

不论是哪一种情形下半旗，都需要由国家成立的治丧机构或者国务院决定具体下半旗的日期和场所。由国家成立的治丧机构决定的情况主要适用于国家领导人去世，有的成立专门的治丧委员会，由治丧委员会向全党全军全国各族人民发布公告，一般明确下半旗。由国务院决定的情形相对更多，既包括由国务院直接发布公告，例如2008年汶川大地震后，国务院决定2008年5月19日至21日为全国哀悼日，在此期间，全国和各驻外机构下半旗志哀；也包括有些情形由某个地方或者部门上报国务院后，由国务院批准，例如2010年香港特别行政区为向菲律宾人质劫持事件中遇难的香港同胞志哀，是由香港特区政府接到国务院通知后发布公告。根据实践的不同情形，下半旗的时间既包括具体某一天，也可以包括一段时间，地点既有普遍下半旗的情况，例如全国和各驻外机构都下半旗，也有某些特定场所下半旗的情况，例如天安门、新华门、人民大会堂，例如2010年为向在海地地震中牺牲的八位中国维和警察志哀，公安部在1月19日至21日下半旗。

第十五条　升挂国旗，应当将国旗置于显著的位置。

列队举持国旗和其他旗帜行进时，国旗应当在其他旗帜之前。

国旗与其他旗帜同时升挂时，应当将国旗置于中心、较高或者突出的位置。

在外事活动中同时升挂两个以上国家的国旗时，应当按照外交部的规定或者国际惯例升挂。

条文主旨

本条是同时升挂国旗时国旗位置的规定。

条文解读

本法第三条规定，中华人民共和国国旗是中华人民共和国的象征和标志。因此，对于国旗升挂的位置，应当有一个基本原则，即显著、优先的位置。

一、升挂国旗的“显著”原则

本法第五条至第十一条规定了升挂国旗的场所和场合。但是，由于国旗是国家象征与标志，国旗不是升挂在上述场所或场合随便一个什么地方就可以的。国旗应当升挂于一个显著的位置，一方面显示国旗作为国家象征和标志的崇高性，一方面也便于人们辨识国旗，发挥国旗在宣示国家权力、宣示国家主权、激发人民群众爱国热情的作用。如在天安门广场升挂的国旗，旗杆高 32.6 米，位于长安街南，广场北部中轴线上，广场和长安街很开阔，国旗升挂后位置十分醒目。再如全国人大常委会所在地的旗杆，位于大会堂南门楼顶的正中央，是此处最为显著的地方。可见，本条规定的“显著的位置”，对于院落而言，旗杆一般设于院落正中或中轴线位置；对于楼宇而言，旗杆一般设于楼宇顶部正中，或者楼宇正门上方中间位置；对于一些城镇居民院（楼）等不具备树立旗杆的地方，可以设于大门处显眼位置。

二、升挂国旗的“优先”原则

在许多升挂国旗的地方，国旗往往不是唯一存在的旗帜，如何处理好国旗与其他旗帜的地位和位置，是需要由法律规定和解决的问题。作为国家的一种标志，与其他旗帜同时出现时，国旗处于更优先、更高、更显著的位置，应当是一个基本原则。

第一种情形是列队举持国旗和其他旗帜行进。这种情形在很多情况下会出现。无论同时举持的是什么旗帜，国旗都应当处于其他旗帜之前。

第二种情形是国旗与其他旗帜同时升挂。这种情形在一些重大集会、机构组织所在地出现得很多。如在2008年北京奥运会的主会场——国家体育场，就同时升挂中华人民共和国国旗和奥运会的五环旗，在一些场馆还同时升挂国旗、五环旗和北京奥运会会旗三面旗帜。再如在一些中外合资公司的总部大楼前，同时升挂中国国旗、外资方所在国国旗和公司标志旗等。在这种情况下，根据本条的规定，应当将国旗置于中心、较高或者突出的位置。所谓中心位置，即在所有旗帜中位于中心，如有三面旗帜的，位于左起或者右起的第二面，有五面旗帜的，位于左起或者右起的第三面等。所谓较高位置，即如果升挂位置有高低区分的，中国国旗应当升挂于较高的位置。所谓突出位置，是一个需要灵活掌握的规定。有些场合，升挂旗帜的位置不一定有中心或者较高位置，或者虽然有数个升挂旗帜的位置，但中间位置不一定是显著突出的，如一些会议中心主楼前竖立有十数根甚至数十根旗杆，中间旗杆就不是突出位置。这就需要综合判断出一个突出位置来升挂我国国旗。有一个基本原则，即在这个场合的绝大多数人，都认为是突出的位置，如进入主入口后第一根旗杆，或者广场主要活动区域人流最为密集的地方等。

三、外事活动的升挂规则

本条第四款规定，在外事活动中同时升挂两个以上国家的国旗时，应当按照外交部的规定或者国际惯例升挂。外交部制定了

《关于涉外升旗和使用国旗的规定》。

根据该规定，在外事活动中同时升挂两个以上国家的国旗的场合有：（一）接待外国国家元首（含副元首）和政府首脑时，在重大礼仪活动场所，如欢迎仪式、欢迎宴会、正式会谈、签字仪式等，升挂中国国旗和来访国国旗。（二）接待外国政府副首脑时，在重大礼仪活动场所，如正式会谈、签字仪式等，升挂中国国旗和来访国国旗。（三）接待其他外国贵宾（包括议长、副议长，外交部长和国防部长、总司令或总参谋长，率领政府代表团的正部长，国家元首或政府首脑派遣的特使）时，在重大礼仪活动场所，如正式会谈、签字仪式等，可以悬挂中国国旗和来访国国旗。（四）接待外国贵宾（包括国家元首、副元首，政府首脑、副首脑，议长、副议长，外交部长和国防部长、总司令或总参谋长，率领政府代表团的正部长，国家元首或政府首脑派遣的特使）时，可以在贵宾的住地升挂来访国国旗，在贵宾乘坐的交通工具上悬挂中国国旗和来访国国旗。（五）国际条约和重要协定的签字仪式可以悬挂中国国旗和有关签约国国旗。（六）国际会议，文化、体育活动，展览会，博览会等，可以升挂中国国旗和有关国家的国旗。（七）外国政府经援项目以及大型中外合资经营企业、中外合作经营企业、外资企业（以下简称外商投资企业）的奠基、开业、落成典礼以及重大庆祝活动可以同时升挂中国国旗和有关国国旗。（八）民间团体在双边和多边交往中举行重大庆祝活动时，可以同时升挂中国国旗和有关国国旗。（九）除外国驻中国使、领馆和其他外交代表机构外，其他外国常驻中国的机构、外商投资企业，凡平日在室外或公共场所升挂本国国旗者，必须同时升挂中国国旗。（十）外国公民在中国境内平日不得在室外和公共场所升挂国籍国国旗。遇其国籍国国庆日，可以在室外或公共场所悬挂其国籍国国旗，但必须同时悬挂中国国旗。（十一）中国派驻外国的外交代表机关和领事机关的馆长举行国庆招待会、建交庆祝活动和为中国领导人访问举行的重大活动时，可以在活动场所悬挂中国国旗和驻在国国旗。

同时升挂中国国旗和外国国旗的规则有：（一）中国国旗与外国国旗并挂时，各国国旗应该按照各国规定的比例制作，尽量做到旗的面积大体相等。（二）在中国境内举办双边活动需要悬挂中国和外国国旗时，凡中方主办的活动，外国国旗置于上首；对方举办的活动，则中国国旗置于上首。（三）在中国境内，凡同时悬挂多国国旗时，必须同时悬挂中国国旗。在境外或公共场所，只能升挂与中国建立外交关系的国家的国旗。如要升挂未建交国国旗，必须事先征得省、自治区、直辖市人民政府外事办公室批准。（四）在中国境内，中国国旗与多国国旗并列升挂时，中国国旗应该置于荣誉地位：一列并排时，以旗面面向观众为准，中国国旗在最右方；单行排列时，中国国旗在最前面；弧形或从中间往两旁排列时，中国国旗在中心；圆形排列时，中国国旗在主席台（或主入口）对面的中心位置。（五）悬挂国旗一般应以旗的正面面向观众，不要随意交叉悬挂或竖挂，更不得倒挂。有必要竖挂或者使用国旗反面时，必须按照有关国家的规定办理。（六）多国国旗并列升挂，旗杆高度应该划一。升挂时必须先升中国国旗，降落时最后降中国国旗。同一旗杆上不能升挂两个国家的国旗。遇有需要夜间在室外悬挂国旗时，国旗必须置于灯光照射之下。（七）外国驻华机构、外商投资企业、外国公民在同时升挂中国和外国国旗时，必须将中国国旗置于上首或中心位置。外商投资企业同时升挂中国国旗和企业旗时，必须把中国国旗置于中心较高或者突出的位置。

相关规定

《关于涉外升旗和使用国旗的规定》第十四条至第十九条

第十六条　在直立的旗杆上升降国旗，应当徐徐升降。升起时，必须将国旗升至杆顶；降下时，不得使国旗落地。

下半旗时，应当先将国旗升至杆顶，然后降至旗顶与杆顶之间的距离为旗杆全长的三分之一处；降下时，应当先将国旗升至杆顶，然后再降下。

条文主旨

本条是关于升降国旗的标准及程序的规定。

立法背景

国旗是一个国家的标志，代表国家的主权和尊严。升旗仪式，对我们每个人来说都不陌生。在重大节日庆典、在奥运会、在联合国，当国旗冉冉升起，那令人难忘的激动时刻会令每一个国民的民族自豪感和崇高的爱国之心油然而生，顿感热血沸腾，心潮澎湃。升降国旗是一个庄严而神圣的时刻，为了更加规范地升降国旗，应当有法定的标准和程序。本条规范的是在直立的旗杆上升降国旗的标准及程序，对于没有旗杆情况下的升降国旗，不是本条规定的调整范围。国旗升挂使用中有两个主要形态，一个是悬挂全旗，一个是降半旗。

条文解读

一、在直立的旗杆上升降国旗的标准及程序

《国旗法》第十二条规定，国旗不能只升不降，应当早晨升起，傍晚降下。为什么应当降下国旗？这是因为，如果一升起就任凭国旗经受风吹日晒雨淋，即使褪色、破损也不更换，类似的行为不仅有损国旗的权威，更严重违反了国旗法的相关规定。所以，国旗在早上升起，晚上就应该降下来。本条不仅规定了升国旗的标准及程序，也规定了降旗的标准及程序。任何单位和个人都应根据国旗法的规定，既要依法升挂国旗，也要依法降旗。

（一）在直立的旗杆上升降国旗，应当徐徐升降。

徐徐升降是指升降国旗时要缓慢进行，不能一下升至旗杆顶端或降至旗杆底座。之所以作如此规定，是因为国旗是一个国家的标志，代表国家的主权和尊严，升降国旗是一个庄严而神圣的仪式，如果升降国旗的速度太快，有损升旗仪式的庄严，也有损国旗的尊严。当然，升降国旗的速度也不能过慢。升降国旗时速度应为匀速。总体掌握的原则是，在奏唱国歌的情况下，国歌奏唱完毕的同时，国旗应匀速升至旗杆顶端或降下；在没有国歌奏唱的情况下，基本上以国歌奏唱完毕的时间完成升降国旗，时间为两分钟。按照天安门国旗护卫队升降国旗使用的国歌版本，全程为 2 分 07 秒，即 2 分 07 秒是天安门广场的国旗从地面升到杆顶的时间。

（二）升起时，必须将国旗升至旗杆顶端。

除了下半旗的情况之外，其他未将国旗升至旗杆顶端的，都是不符合国旗法规定的行为。以天安门国旗护卫队为例，当挂上旗杆升动时，旗手迅速将17平方米的国旗，向空中甩出个扇形，此为“展旗”，当擎旗手以优美的动作，在国歌奏响第一个音符时，将国旗展开抛出，到国歌的最后一个音符终止，都是2分07秒，国旗也准时到达30米高的旗杆顶端。

（三）降下时，不得使国旗落地。

降下国旗时，不得使国旗落地，这也是考虑到国旗是国家的象征，国旗落地容易造成国旗污损，损害国旗尊严。仍以天安门国旗护卫队为例，当国旗在2分07秒的时间内降到国旗杆底座时，一名卫士迅速用双手将国旗托住，而后另一名卫士用右手的肉厚部分将旗面均匀地打成折叠状，此为“收旗”，此动作精确在13至15秒之间。

本法对国旗的旗杆高度没有具体规定，这是考虑到实践中的情况比较多样，可根据具体的场地情况确定合适的旗杆高度。天安门广场上的国旗旗杆高度，经历了几次变化。1949年10月1日，第一面中华人民共和国国旗——五星红旗由毛泽东主席在天安门广场首次升起，当时升旗时用的那根旗杆高22米。由于升旗的系统是由电力控制，开国大典上，毛主席站在天安门城楼上按下开关，国旗就升起来了。1991年5月1日天安门广场上重新修建了国旗旗杆，旗杆的净高度为30米，加上底座，总高度达32.6米。

二、下半旗时升降国旗的标准及程序

下半旗，也称“降半旗”，下半旗是一个国家行为，一般是在某些重要人士逝世或重大不幸事件、严重自然灾害发生时来表达全国人民的哀思和悼念。根据本法第十四条的规定，中华人民共和国主席、全国人民代表大会常务委员会委员长、国务院总理、中央军事委员会主席、中国人民政治协商会议全国委员会主席、对中华人民共和国作出杰出贡献的人、对世界和平或者人类进步事业作出杰出贡献的人逝世，下半旗志哀；发生特别重大伤亡的不幸事件或者严重自然灾害造成重大伤亡时，可以下半旗志哀。

根据本条规定，下半旗应当遵循的标准和程序是：第一，下半旗时，应当先将国旗升至杆顶，然后降至旗顶与杆顶之间的距离为旗杆全长的三分之一处。这里要注意两点，一是要先将国旗升至旗杆顶端，而不是直接升到旗杆中间；二是下半旗实际上并不是下到旗杆的一半，而是降至旗顶与杆顶之间的距离为旗杆全长的三分之一处。实践中，有的地方是直接把国旗升到旗杆一半的位置，并未先升至旗杆顶端，这其实不符合本条规定，并不规范。第二，降下时，应当先将国旗升至杆顶，然后再降下。不将国旗升到旗杆顶端而是在距旗杆顶端三分之一处直接降下的行为，也是不符合本法规定的。

相关规定

《中华人民共和国国旗法》第十二条、第十四条

第十七条 不得升挂破损、污损、褪色或者不合规格的国旗。

条文主旨

本条是关于升挂的国旗应当符合法定要求的规定。

立法背景

《国旗法》第三条规定："中华人民共和国国旗是中华人民共和国的象征和标志。每个公民和组织，都应当尊重和爱护国旗。"国旗是国家的标志，代表国家的主权和尊严。尊重和爱护国旗，是法律规定的每个公民和组织的神圣义务。在任何时候，都要庄重、严肃地对待国旗，尊重和爱护国旗，依法使用国旗。升挂国旗是公民和组织抒发爱国主义情感的一种方式，是国家观念和爱国意识强的表现。为了维护国家的主权和尊严，增强公民的国家观念和爱国意识，加强爱国主义教育，对国旗的升挂依法进行规范，是非常必要的。因此，国旗法对国旗的升挂作了明确的规定，升挂国旗应当遵循国旗法的有关规定。《国旗法》第五条至第八条对应当或者可以升挂国旗的范围作了具体规定，第十二条、第十三条、第十五条、第十六条对国旗升挂的时间、仪式、方式等进行了规范，本条对升挂的国旗提出明确要求。根据本条的规定，升挂国旗时使用的国旗要符合法定要求，即不得使用破损、污损或者不合规格的国旗遵循这一规定，使用完整、洁净、符合规格的国旗，是尊重国旗的表现，是维护国家尊严的需要。

条文解读

1949 年 9 月 27 日，中国人民政治协商会议第一届全体会议通过了《关于中华人民共和国国都、纪年、国歌、国旗的决议》，其中规定："四、全体一致通过：中华人民共和国的国旗为红地五星旗，象征中国革命人民大团结。”我国历次颁布的宪法都对国旗的样式作了原则规定，如1982年宪法明确规定：“中华人民共和国国旗是五星红旗。”1949年9月28日，中国人民政治协商会议第一届全体会议主席团通过并公布《国旗制法说明》，对国旗的形状、颜色、图案规制、通用尺度等作了详尽规定。1990年制定国旗法时，考虑到中华人民共和国国旗是中国人民政治协商会议第一届全体会议通过的，会议主席团同时公布的《国旗制法说明》是国旗的法定制法，国旗仍应按照这个说明制作，不再具体规定，只在《国旗法》第二条规定：“中华人民共和国国旗是五星红旗。中华人民共和国国旗按照中国人民政治协商会议第一届全体会议主席团公布的国旗制法说明制作。”同时，在国旗法公布的同时重新公布了《国旗制法说明》。

实践中，国旗的制作不统一。如表现为国旗尺寸不一，个别还有颜色的偏差，甚至皱巴、污损，旗杆更是五花八门。为此，1990年《国旗法》第四条第三款专门作出规定：“国旗由省、自治区、直辖市的人民政府指定的企业制作。”为了维护国旗的尊严，保证国旗的制作质量，1991年5月25日，国家技术监督局发布了《国旗》和《国旗颜色标准样品》两项国家标准，作为贯彻国旗法、确保国旗质量的配套技术标准，规定了国旗的形状、颜色、图案、制版定位、通用尺寸、染色牢度等技术要求。1992年，《国务院办公厅关于贯彻国旗法和执行国家有关技术标准确保国旗质量问题的通知》（国办函〔1992〕112号）指出，未经指定的企业不能制作国旗。对指定的企业，各省、自治区、直辖市人民政府主管标准、质量的部门要加强标准、质量的监督管理。监督检查用的国旗标准和样品，由国家技术监督局统一制作和发行。升挂的国旗，应当依法使用符合上述规格、由指定企业制作生产的国旗，以体现对国旗的尊重，维护国旗的尊严。

《国旗法》第四条第一款规定：“地方各级人民政府对本行政区域内国旗的升挂和使用，实施监督管理。”根据这一规定，地方各级人民政府负责本行政区域内国旗升挂、使用的监督管理，对升挂、使用破损、污损、褪色或者不合规格国旗的，要责成有关单位迅速更换和纠正。在全国各族人民欢庆新中国成立六十周年期间，2009 年 10 月 15 日，国务院办公厅颁布了《关于做好破损污损褪色或者不合规格国旗回收处理工作的通知》（国办函〔2009〕100 号），要求各地建立健全对国旗升挂、使用、回收处理的长效管理机制，按照单位管理与属地管理相结合的原则组织实施。中央国家机关、企事业单位由本单位机关党委或工会负责；学校由当地教育主管部门负责，农村由所在地乡镇人民政府负责；其他组织和社区由所在地乡镇人民政府、街道办事处负责。破损、污损、褪色或者不合规格的国旗回收后，由县级以上人民政府指定单位集中放置，定期统一处理。

相关规定

《关于贯彻国旗法和执行国家有关技术标准确保国旗质量问题的通知》；《关于做好破损污损褪色或者不合规格国旗回收处理工作的通知》

第十八条 国旗及其图案不得用作商标和广告，不得用于私人丧事活动。

条文主旨

本条是关于禁止使用国旗及其图案的情形的规定。

立法背景

国旗是国家的象征和标志，代表国家的主权和尊严。国旗的这一特性决定了国旗不是一般的旗帜。国旗是一种特殊的旗帜，国旗及国旗上的图案都被赋予了特殊的象征意义。国旗必须用于庄重而严肃的场合，不得随意使用。对国旗的不适当使用，损害的不仅仅是国旗的尊严，更是我们国家的尊严。因此，我们一定要注意以正确、适当的方式使用国旗。本条对禁止使用国旗及其图案的情形作了具体规定。

条文解读

一、关于国旗及其图案

中华人民共和国国旗是五星红旗。1949 年 9 月 28 日，中国人民政治协商会议第一届全体会议确定了国旗的图案：旗面为红色，长方形，其长与高为三与二之比，旗面左上方缀黄色五角星五颗。一星较大，其外接圆直径为旗高十分之三，居左；四星较小，其外接圆直径为旗高十分之一，四颗小星环拱在一颗大星的右面，并各有一个角尖正对大星的中心点。除了国旗这个整体不得用作商标和广告、不得用于私人丧事活动之外，国旗的图案作为国旗的一部分，也不得在上述场合中使用。国旗的图案，既包括标准的国旗图案，也包括在国旗图案的基础上所作的变形。需要注意的是，本条所指的国旗，仅限于中华人民共和国国旗，即五星红旗，至于外国国家的国旗及其图案是否可以用作商标、广告，或者用于私人丧事活动，不是本法规定的调整范围。

二、国旗及其图案不得用作商标和广告

为什么国旗及其图案不得用作商标和广告？这是因为，商标和广告都是商业活动的具体形式，商业活动以盈利为目的，在商业活动中使用国旗，与国旗是国家的象征和标志、代表国家的主权和尊严这一特性不符，有损国旗的庄严性。因此，国旗法明文禁止在商标和广告中使用国旗及其图案。

(一) 关于国旗及其图案不得用作商标

商标是用以区别不同生产经营者所提供的商品或者服务的标志。除了本法，有关国际公约和我国商标法也对国旗不能作为商标使用作了明确规定。例如，《保护工业产权巴黎公约》第六条之三规定："本公约成员国的国旗、国徽、表明实施国家管制和保证的官方标志、检验印记及政府间国际组织的标志均不得作为商标注册和使用。"《商标法》第十条规定："下列标志不得作为商标使用：(1) 同中华人民共和国的国家名称、国旗、国徽、国歌、军旗、军徽、军歌、勋章等相同或者近似的，以及同中央国家机关的名称、标志、所在地特定地点的名称或者标志性建筑物的名称、图形相同的；(2) ……"与国旗法相比，除了均规定了国旗图案不得作为商标使用之外，商标法更进一步明确地规定了与国旗相近的图案也不得作为商标使用。与国旗相近的图案，既包括国旗图案的变形，也包括与国旗图案近似的、容易引起混淆，或者虽与国旗图案不完全一致，但明显可以看出与国旗图案的全部或局部元素近似的图案。

(二) 关于国旗及其图案不得用作广告

广告是为了某种特定的需要，通过一定形式的媒体，公开而

广泛地向公众传递信息的宣传手段。本条中所说的广告是指狭义的广告，即由商品经营者或者服务提供者承担费用，通过一定媒介和形式直接或者间接地介绍自己所推销的商品或者所提供的服务的商业广告。对于那些不以盈利为目的的广告，比如为了弘扬社会主旋律、宣传正能量而拍摄的不以盈利为目的的公益广告，并不受本条规定的限制，是可以使用国旗及其图案的。除了本条的规定，广告法也对不得使用国旗的情形作了明确规定。《广告法》第九条规定："广告不得有下列情形：（1）使用或者变相使用中华人民共和国的国旗、国歌、国徽，军旗、军歌、军徽；（2）……"国旗是国家的象征和标志，在商业广告中使用国旗，是一件极不严肃的事情，将会极大损害国旗的尊严。与国旗法相比，除了均规定不得在广告中使用国旗外，广告法还进一步规定禁止在广告中变相使用国旗。变相使用是指没有直接使用国旗及其图案，而是对国旗及其图案做了变形，但又能明显看出国旗及其图案的全部或部分元素，从而在广告中加以使用。此外，行政法规对广告中不得使用国旗也作了规定，国务院发布的《广告管理条例》第八条规定，广告有下列内容之一的，不得刊播、设置、张贴："……（3）有中国国旗、国徽、国歌标志、国歌音响的……"

（三）有关案例

2008 年，某国际知名体育用品公司在香港推出的至少两款奥运系列运动背包及 POLO 衫采用国旗"红底黄五星"作基本图案，在五星中最大的一颗内，赫然印着三叶草的标志。采用五星红旗图案的运动背包及 POLO 衫，被指涉嫌违反国旗法。该公司有关负责人随后向消费者致歉，并决定全球召回。《国旗法》第十八条中明确规定，国旗及其图案是不能用于商标和广告的，而该公司把国旗图案用在自己的产品上，并且把三叶草的标志印在国旗图案的五星上，同样也是不被允许的。虽然大家见到运动员穿着的运动服上都有国旗或者国徽图案，但这是一种特例，因为运动员是代表国家参加体育比赛，而该公司在市场上销售的产品则不属于这个范畴，显然是违法的，应该予以禁止。另外，如果商品对国旗或者国徽有侮辱、损害的情况，还要按照相关法律进一步追究其责任，其中包括没收产品、经济处罚甚至追究刑事责任。该事件涉及中国国旗，其产品也是在中国境内销售，依照我国国旗法及相关法律来判定，这是毋庸置疑的。

2005 年，某快餐品牌连锁店向消费者赠送的台历上，一只卡通鸡的胸脯上印有五颗五角星，和我国国旗上的五星形状、分布非常相似。该公司的行为，同样涉嫌违反国旗法。根据《国旗法》第十八条的规定，国旗及其图案不得用作商标和广告。该公司赠送的台历虽然是赠品，但上面印有大量该公司的快餐图案和商标，严格地说这本台历是一种变相的广告，印制这样的台历送给公众有违反国旗法之嫌。

三、国旗及其图案不得用于私人丧事活动

国旗是国家的象征和标志，为了体现国旗的严肃性和权威性，本条规定，国旗及其图案不得用于私人丧事活动。私人丧事活动属于私人行为，在私人丧事活动中使用国旗及其图案，极不严肃。理解这一规定，要注意把握好两点：首先，这一规定与本法第十四条的规定并不矛盾。本法第十四条规定："下列人士逝世，下半旗志哀：（1）中华人民共和国主席、全国人民代表大会常务委员会委员长、国务院总理、中央军事委员会主席；（2）中国人民政治协商会议全国委员会主席；(3) 对中华人民共和国作出杰出贡献的人；(4) 对世界和平或者人类进步事业作出杰出贡献的人……”基于这些人士生前为国家、为世界作出的巨大贡献，国旗法规定在其逝世后，专门给予其下半旗志哀的崇高礼遇，在这一情况下使用国旗，与本条的规定并不存在冲突。其次，党和国家领导人以及其他生前为国家作出卓越贡献的人士，由国家成立的治丧机构举行丧葬活动，不属于本条规定的私人丧葬活动，不受本条规定的限制，可以使用国旗及其图案。在这些为国家作出卓越贡献的人士的丧葬活动中允许使用国旗，是对其生前作出的巨大贡献的褒奖，与国旗所要传达的精神内涵是一致的。实践中，这些人士多使用党旗覆盖在灵柩上，也有部分人士使用的是国旗，比如海地地震遇难的中国维和警察遗体告别仪式，就在灵柩上覆盖了国旗。

总之，使用国旗及其图案时，需要掌握的基本原则就是，不得损害国旗的庄重性、严肃性，让爱国旗、正确使用国旗成为一种公民信仰，让五星红旗成为每个中国人心中的骄傲。

相关规定

《中华人民共和国国旗法》第十四条；《中华人民共和国商标法》第十条；《中华人民共和国广告法》第九条；《保护工业产权巴黎公约》第六条

第十九条　在公众场合故意以焚烧、毁损、涂划、玷污、践踏等方式侮辱中华人民共和国国旗的，依法追究刑事责任；情节较轻的，由公安机关处以十五日以下拘留。

条文主旨

本条是对侮辱国旗的行为追究法律责任的规定。

立法背景

国旗是国家的象征和标志，代表着国家的主权和尊严。很多已经制定国旗法的国家为了维护国旗、国家尊严，均对侮辱或者不尊重国旗的行为明确了相应的法律责任。在国旗法草案审议修改过程中，有些法律专家、部门和地方提出，刑法没有规定侮辱国旗罪，如果规定这个罪名，最好采取对刑法作补充规定的方式；有的法律专家建议对侮辱国徽罪一并作出规定。因此，建议将这一条修改为："在公众场合故意以焚烧、毁损、涂划、玷污、践踏等方式侮辱中华人民共和国国旗的，依法追究刑事责任；情节较轻的，参照治安管理处罚条例的处罚规定，由公安机关处以十五日以下拘留。"同时建议由全国人大常委会作出《关于惩治侮辱中华人民共和国国旗国徽罪的决定》："在公众场合故意以焚烧、毁损、涂划、玷污、践踏等方式侮辱中华人民共和国国旗、国徽的，处三年以下有期徒刑、拘役、管制或者剥夺政治权利。"至于以侮辱国旗的方法宣传煽动推翻人民民主专政的政权、危害国家的，则应依照《刑法》第一百零二条的规定追究刑事责任。1990 年 6 月 28 日，第七届全国人大常委会第十四次会议在通过国旗法规定"在公共场合故意以焚烧、毁损、涂划、玷污、践踏等方式侮辱中华人民共和国国旗的，依法追究刑事责任；情节较轻的，参照治安管理处罚条例的处罚规定，由公安机关处以十五日以下拘留"的同时，通过了《关于惩治侮辱中华人民共和国国旗国徽罪的决定》，对刑法补充规定："在公众场合故意以焚烧、毁损、涂划、玷污、践踏等方式侮辱中华人民共和国国旗、国徽的，处三年以下有期徒刑、拘役、管制或者剥夺政治权利。"将侮辱国旗的行为规定为犯罪，从而为宪法和国旗法的贯彻实施提供了应有的法律保障，也为惩治侮辱国旗的犯罪行为提供了法律依据。1997 年修订的《中华人民共和国刑法》明确了侮辱国旗罪，对侮辱国旗行为应承担的法律责任作了具体规定，"在公共场合故意以焚烧、毁损、涂划、玷污、践踏等方式侮辱中华人民共和国国旗的，依法追究刑事责任；情节较轻的，参照治安管理处罚条例的处罚规定，由公安机关处以十五日以下拘留。"2009 年 8 月 27 日，根据第十一届全国人民代表大会常务委员会第十次会议《关于修改部分法律的决定》对国旗法进行了修正。由于原来制定的《治安管理处罚条例》修改为《治安管理处罚法》，1990 年通过的《国旗法》相关条款也应该进行修改。其中"情节较轻的，参照治安管理处罚条例的处罚规定，由公安机关处以十五日以下拘留"删去"参照治安管理处罚条例的处罚规定"。

条文解读

对于在公共场合故意以焚烧、毁损、涂划、玷污、践踏等方式侮辱我国国旗的，依法追究刑事责任；情节较轻的，由公安机关处以十五日以下拘留。以下内容主要从刑事责任方面进行解读，对于在行为的时间和地点、手段和方法、动机和结果、行为人的一贯表现、态度等方面情节较轻的，追究行政责任。

一、行为对象

关于中华人民共和国国旗的范围，包括根据《国旗法》《国旗制法说明》规定由法定企业制作国旗。对于是否还包括印刷、手绘等方式制作的国旗图案，有不同的观点。一种观点认为，如果侮辱的属不合规格的国旗或自制的国旗，就不构成侮辱国旗罪。国旗的范围应以法律规定为标准。首先，国旗应符合法定的规格，具体标准应根据《国旗法》《国旗制法说明》来确定。其次，国旗应由法定企业制作。如果侮辱的属不合规格的国旗或自制的国旗，就不构成本罪。另一种观点认为，这里国旗的范围包括不合规格的国旗，其理由在于侮辱这些非标准制作的国旗，也会使人认为损害了国旗的尊严。我们认为，一些人为了发泄对国家、政府的不满，侮辱不合规格的国旗，也视为对国旗象征的国家尊严进行了侮辱，理应属于侮辱国旗罪的范围之内。我国一些地区也有类似的法律规定，如我国香港特别行政区《国旗及国徽条例》规定，如有国旗或国徽的复制本并非与国旗或国徽完全相同，但其相似程度足以使人相信它就是国旗或国徽，则就本条例而言，该复制本被视为是国旗或国徽。我国澳门特别行政区有关条例规定，“第一款及上款第一项的规定适用于侮辱对象为国家象征的复制本的情况，但复制本除必须与原本明显相似外，还须足以令公众以为是国家象征。”印度等国家也有类似的立法例。

二、行为内容

在客观方面，行为人必须具有在公共场合以焚烧、毁损、涂划、玷污、践踏等方式侮辱国旗的行为。

（一）侮辱国旗的行为方式主要表现为焚烧、毁损、涂划、玷污、践踏及其他形式。所谓焚烧，是指经过点燃、燃烧、熔融等方式，经过高温下的氧化进行减容、热分解，使国旗毁损部分或者化为残渣；所谓毁损，是指通过肢体或者借助器械等以撕裂、捣碎、撕碎等方法使国旗整体变残、变形、缺损成为碎片；所谓涂划，是指用笔、油漆、涂料等有色物品在国旗上任意乱涂乱画，或者有意刻画带有侮辱性的图案、图形、文字等，以破坏国旗的严肃性、整洁性；所谓玷污，是指以水渍、粘物、火燎等方式使国旗出现污渍；所谓践踏，是指采取脚踏、车轮碾轧等方式侮辱国旗；其他方式是指以上述五种方式以外的其他使国旗受到侮辱的方式。近年来，发生多起采用上述方式侮辱国旗而判刑的典型案例。如 2014 年上海汪某侮辱国旗、国徽案中，汪某在外滩点燃国旗进行焚烧，被法院认定犯侮辱国旗罪，判处有期徒刑一年。在我国香港地区，也出现过对侮辱国旗、国歌的行为进行处罚的案例。在吴某、利某侮辱国旗和区旗案件中，香港终审法院认为，国旗及区旗象征了国家的主权和统一以及香港特别行政区作为中国之不可分割一部分的法律地位，裁定吴某、利某在游行中携带并挥舞了明显遭到污损和破坏的国旗与区旗的行为违反《国旗及国徽条例》第七条的规定、《区旗及区徽条例》第七条的规定，吴某、利某构成了侮辱国旗和区旗的罪行，各缴纳保证金二千元，并判处守行为规范十二个月。

（二）侮辱国旗的行为必须发生在公共场合。“公共场合”，一是指悬挂国旗、国徽的公共场所或者国家机关所在地，二是指人群聚集的公共场所。即使是私人场所，但由于参与人员比较多，或者活动的性质不具有私密性，也属于“公共场合”。公共场合，主要包括《国旗法》第六条至第十一条规定的场合，即北京天安门广场、新华门，出入境的机场、港口、火车站和其他边境口岸、边境海防哨所，地方各级人民代表大会常务委员会、人民政府、人民法院、人民检察院、中国人民政治协商会议地方各级委员会、全日制学校、各人民团体、企事业组织、村（居）民委员会、城镇居民院（楼）、广场、公园、重大庆祝会、纪念会，大型文化、体育活动场所，外交活动场所、驻外使（领）馆和其他外交代表机构，军事机关、军队营区、军用舰船，公安部门的船舶、民用船舶和进入中国领水的外国船舶。侮辱国旗的行为必须带有公开性，明目张胆地在众人在场或能使多人知晓的情况下进行侮辱。行为人如果将国旗受侮辱后呈现的不法状态呈现在能够使众人看到的地方并被众人知晓或可能被众人知晓的，也应视为具有公开侮辱的性质。否则，即使行为人侮辱了国旗，但不具有公开性，如行为人晚上在某一公共场合实施了侮辱国旗的行为，当时根本不可能被众人知晓，而行为人又及时消除了国旗被侮辱的痕迹，则这种行为不构成侮辱国旗的犯罪。

（三）侮辱国旗的行为应达到一定的程度才构成犯罪。《国旗法》第十九条同样规定，情节较轻的，由公安机关处十五日以下拘留。显然并非所有侮辱国旗的违法行为都构成犯罪，只有实施了侮辱国旗的行为，而又不属于情节显著轻微危害不大及情节较轻的，才构成本罪。具体判断侮辱国旗行为的危害程度，可以从以下几方面考虑：(1）侮辱手段是否恶劣，是采用动物粪便还是手撕等方式的危害性有所不同；(2）侮辱对象的数量及侮辱次数的多少，侮辱少量国旗与大量国旗有所不同；(3）侮辱的动机如何，如出于仇视国家的政策方针、法律法规等动机与纯粹是为发泄个人私愤等动机危害性显然不同；(4）社会影响的大小，如侮辱天安门广场升挂的国旗与侮辱某居民院内升挂的国旗，影响大小显然不一样，其危害性大小也就不同；(5）造成的危害后果，如撕碎国旗与少量水渍污染国旗造成的危害后果显然不同；

（6）行为人案发后的态度，如行为人是主动交代或积极消除影响还是拒不认罪。如果从以上几方面因素考虑，认为行为人的情节属于较轻的或显著轻微危害不大的，则不能以犯罪论处。

三、主观目的

侮辱国旗主观方面必须是出于直接故意，间接故意和过失不认为是侮辱国旗的行为。侮辱国旗罪只限于直接故意才构成，即行为人明知其在公众场合实施侮辱国旗行为的性质、后果，并希望通过其行为达到使国旗当众受辱、损害国家尊严的目的；情节较轻的一般违法行为并不认为是犯罪。因此，如果是因意外事件或出于过失而使国旗在客观上受辱的，不构成犯罪。一般的间接故意造成国旗被侮辱的行为属于情节较轻的情况也不构成犯罪。本罪的动机可能是多种多样的，有的可能是对社会主义制度、党或国家的某些政策不满，有些可能是对某些领导不满等，但动机如何不影响构成侮辱国旗的行为，可以在量刑时予以考虑。

四、其他

侮辱国旗的行为是否达到一定的危害程度。如果从侮辱国旗行为的手段、动机、后果、次数，侮辱国旗的数量等方面综合考虑，认为属于情节较轻或情节显著轻微，危害不大的，就不构成犯罪。如行为人出于占有目的而拆走国旗，或在公众场所抢走国旗，即使在盗窃、抢夺或抢劫过程中侮辱了国旗，也应按盗窃、抢夺或抢劫罪论处。或者行为人以满足无理要求为目的，聚众以各种手段在机关、单位、团体门前或院内肆意哄闹，有侮辱国旗情况发生的，应将妨害公务罪、扰乱法庭秩序罪、扰乱社会秩序罪分别与侮辱国旗罪比较，按处罚法定刑最重的一罪定罪量刑。

相关规定

《中华人民共和国刑法》第二百九十九条；《中华人民共和国国徽法》第十三条

第二十条　本法自1990年10月1日起施行。

条文主旨

本条是关于法律施行时间的规定。

条文解读

法律的施行时间也就是法律生效的时间。正确地理解法律的生效时间，是运用法律不可缺少的条件。一些国家和地区在相关法律中对法律的施行日期作了专门规定，有的作出原则性规定，有的区别不同情况作出具体规定。归纳起来主要有以下几种：一是规定自公布后一段时间内实施，一般是作为原则性规定；二是规定特定的日期，即“自×年×月×日起施行”，这种情况较为普遍；三是规定自公布之日起施行，通常有特殊考量因素，且与法律的公布程序密切相关；四是规定由特定机关决定，这取决于一定的立法体制和立法程序；五是在个别情况下规定以特定条件成就为实施日期；六是出于实际需要对不同条款分别规定不同的实施日期。

目前，我国新制定的法律大部分是规定具体的年、月、日作为施行日期的，少数是规定“自公布之日起施行”的。修改法律的决定，以往使用“自公布之日起施行”的较多，2015年3月立法法修改后通过的决定多明确具体施行日期。具体到一部法律的施行日期采取何种方式，需要根据实际需要，对于确需立即施行且相关实施准备已较为充分的法律，可规定为“自公布之日起施行”；对于需要公民、组织作相关准备才能实施的法律，不应规定“自公布之日起施行”，特别是对于那些主要涉及减损公民、法人和其他组织权利或者增加其义务，尤其是追究其法律责任的法律，应留出一定的实施准备、为公众知晓的时间，这样也更利于法律的实施。

本法于 1990 年 6 月 28 日经第七届全国人大常委会第十四次会议通过，本条规定《中华人民共和国国旗法》从 1990 年 10 月 1 日起正式施行。国旗是国家的标志和象征，确定国旗法从 10 月 1 日起实行具有重要的象征意义，不仅为本法的施行留出了必要的宣传准备时间，而且有助于广大人民群众铭记历史，激发爱国主义情感。中华人民共和国国庆节是中华人民共和国的成立纪念日。1949 年 10 月 1 日，在北京天安门广场举行了开国大典，中华人民共和国中央人民政府正式成立。中国人民政治协商会议第一届全国委员会第一次会议于 1949 年 10 月 9 日在中南海勤政殿举行。会议选举产生第一届政协全国委员会主席、副主席、常务委员和秘书长。政协第一届全国委员马叙伦因病委托委员许广平向会议提出“请政府明定10 月 1 日为中华人民共和国国庆日，以代替 10 月 10 日的旧国庆日”的建议案，会议决定送请中央人民政府采择施行。1949 年 12 月 2 日，中央人民政府委员会第四次会议通过《关于中华人民共和国国庆日的决议》，宣告：“自一九五〇年起，即以每年的十月一日，即中华人民共和国宣告成立的日子，为中华人民共和国的国庆日。”在 10 月 1 日国庆日确定为国旗法施行日期，对于国旗法的宣传教育和施行都具有重大意义。

相关规定

《中华人民共和国国歌法》第十六条；《中华人民共和国国徽法》第十五条

中华人民共和国国歌法解读

第一条 为了维护国歌的尊严，规范国歌的奏唱、播放和使用，增强公民的国家观念，弘扬爱国主义精神，培育和践行社会主义核心价值观，根据宪法，制定本法。

条文主旨

本条是对立法宗旨和立法依据的规定。

立法背景

最早的国歌始见于十六世纪下半叶，荷兰的《威廉颂》是世界上最古老的国歌，是荷兰人为反抗西班牙统治所作。到十八世纪末，西班牙、法国、奥地利确定了国歌。十九世纪，民族主义在全世界兴起，国歌迎来了繁荣，尤其是中欧和南美地区，纷纷确定了国歌。“二战”后，多数亚洲国家才确定了国歌。

国歌，是国家和民族精神的标志和象征。在许多国家的宪法中，都将国歌与国旗、国徽确立为国家的象征和标志，代表着国家的主权和尊严。一些国家和地区还制定了有关国歌的法律法规。美国、俄罗斯、加拿大、马来西亚、孟加拉国等国制定了专门的国歌法律或者法令，而一些国家和地区则将国歌与国旗、国徽等国家象征一并立法进行规范，如日本的《国旗国歌法》、新加坡的《国徽、国旗和国歌条例》、菲律宾的《国旗、国歌、国家箴言、国徽和其他徽章项目和物品法》、印度的《制止侮辱国家荣誉法案》、我国澳门特别行政区的《国旗、国徽及国歌的使用及保护》（第5/1999号法律）等。

我国《宪法》第一百三十六条规定："中华人民共和国国歌是《义勇军进行曲》。"《义勇军进行曲》是十九世纪三十年代中期电影《风云儿女》的主题曲，由田汉作词、聂耳作曲。在日本帝国主义加紧侵略中国，中华民族到了生死存亡的紧急关头，《义勇军进行曲》以铿锵有力的词句伴着雄壮激昂的旋律，唱出了中国人民反帝爱国的强烈心声，激励着中华儿女挺起脊梁、众志成城，以血肉之躯筑起拯救民族危亡的钢铁长城。歌曲一经问世，就在大江南北、长城内外广为传唱，并在世界很多国家传播。《义勇军进行曲》凝结着中国共产党领导中国各族人民为争取民族独立、人民解放和实现国家富强、人民富裕不屈不挠、英勇奋斗的精神，凝聚着各族人民实现中华民族伟大复兴的梦想。

多年来，国歌所承载的爱国情怀、忧患意识和奋勇前行的民族精神深入人心，广大人民群众热爱祖国、尊崇国歌，国歌奏唱和使用总体情况是比较好的。但实际生活中也存在奏唱国歌不规范、参与者举止不得体，国歌标准曲谱未予发布等问题，影响奏唱和播放效果等。2014年12月12日，中共中央办公厅、国务院办公厅印发了《关于规范国歌奏唱礼仪的实施意见》，该意见实施后发挥了十分重要的作用。

近年来，全国人大代表、全国政协委员多次提出关于制定国歌法的议案、建议、提案。九届以来，全国人大代表有320余人次提出关于制定国歌法或者规范国歌使用的议案8件、建议18

件；十二届以来，全国政协委员有130余人次提出关于制定国歌法或者规范国歌使用的提案、意见和建议14件，部分议案和提案还附有国歌法的提稿。其中十一届、二十届全国政协委员于海连续十年提出关于制定国歌法的提案。2017年初，习近平总书记对国歌立法作出重要批示。全国人大常委会高度重视，将国歌法列入2017年立法工作计划。2017年以来，全国人大常委会法制工作委员会着手开展调研起草工作，广泛征求意见，召开座谈会听取中央有关部门、全国人大代表、全国政协委员以及权威音乐家的意见，赴中国人民解放军军乐团、天安门国旗护卫队进行调研。立法过程中，法制工作委员会注意把握以下几点：一是通过国家立法落实宪法规定的国家标志重要制度，为践行社会主义核心价值观，弘扬中国精神、凝聚中国力量提供法治保障。二是准确把握本法的定位，突出重点，针对实际中存在的突出问题，重点对应当奏唱国歌的场合，国歌标准曲谱的审定、发布和使用，奏唱礼仪规范以及不得奏唱、播放国歌的场合作出规范。三是坚持从实际出发，注重规范与引导并重，在保证国歌奏唱严肃性和规范性的同时，加强国歌宣传教育，鼓励广大人民群众唱国歌、爱国歌，弘扬爱国主义精神。

条文解读

本法的立法目的：

第一，为了保证宪法规定的制度得到全面贯彻实施。我国《宪法》第四章规定了“国旗、国歌、国徽、首都”，国歌与国旗、国徽一样，都是宪法确立的国家象征和标志，代表国家的主权和尊严，理应享有与国旗、国徽同样的法律保护。我国分别于

1990 年和 1991 年制定了国旗法和国徽法，对于维护国家标志的尊严，确保国旗、国徽正确使用发挥了重要作用。制定国歌法，就是为了填补立法空白，完善国家标志法律制度，保障宪法得到全面有效的实施。

第二，维护国歌的尊严。制定国歌法是为了解决国歌奏唱、使用中存在的问题。多年来，国歌所承载的爱国情怀、忧患意识和奋勇前行的民族精神深入人心，广大人民群众热爱祖国、尊崇国歌，国歌奏唱和使用总体情况是比较好的。但实际生活中也存在奏唱国歌不规范、参与者举止不得体，国歌标准演奏曲谱未予发布，影响奏唱和播放效果，国歌的宣传教育有待加强等问题。制定一部专门的国歌法，通过国家立法对国歌的奏唱场合、奏唱礼仪和宣传教育等进行规范，对于增强国歌奏唱、播放和使用的严肃性和规范性，维护国家尊严和形象，是十分必要的。

第三，以法律推动核心价值观的建议。国歌是弘扬中华民族精神的重要载体，是进行爱国主义教育的鲜活教材。通过立法，加强国歌的宣传教育，鼓励广大人民群众唱国歌、爱国歌，提升公民的国家观念和爱国意识，培育和践行社会主义核心价值观，弘扬以爱国主义为核心的民族精神，激励全国各族人民为实现中华民族伟大复兴的中国梦而共同奋斗，具有重大意义。

第二条　中华人民共和国国歌是《义勇军进行曲》。

条文主旨

本条是关于中华人民共和国国歌是《义勇军进行曲》的规定。

立法背景

《义勇军进行曲》之所以能被定为国歌，是由其诞生的历史背景和所产生的影响决定的。《义勇军进行曲》诞生于抗日战争这一特定历史时期。1931 年“九·一八”事变，拉开了日本帝国主义侵华序幕，民族危机空前严重。先后于 1932 年和 1933 年加入中国共产党的戏剧家田汉、音乐家聂耳，全身心地投入到中国共产党领导的抗日救亡运动中。1934 年春，田汉决定写一部以抗日救亡为主题的电影剧本《风云儿女》。在他刚完成故事梗概和主题歌歌词时，就被国民党反动派逮捕入狱。另一位共产党员、戏剧家夏衍接手将这个故事写成了电影剧本。聂耳主动要求为主题歌谱曲。1935 年 3 月下旬，聂耳在上海完成初稿，在躲避国民党政府追捕的颠沛流离中，于 4 月下旬在日本完成了曲谱定稿。随着电影《风云儿女》的公映，《义勇军进行曲》很快在广大人民群众中传唱起来，其雄壮激昂的旋律和排山倒海的气势，表达了中国人民对日本帝国主义侵略行径的无比愤恨，表现了中华民族团结抗战的坚强意志和勇往直前、不屈不挠的战斗精神，极大地鼓舞了全国人民的抗战热情。伴随着“一二·九”运动的学潮，救亡运动的巨浪，抗日战争的烽火，解放战争的硝烟，遍及大江南北、长城内外。

《义勇军进行曲》不仅是中国人民争取民族独立、人民解放最强劲的一首战歌，也成为世界反法西斯战歌，赢得了各国人民的认可和尊重。第二次世界大战期间，英国、美国、苏联、印度等国的国家广播电台经常播放《义勇军进行曲》，表达反法西斯的共同心愿。在“二战”即将结束之际，在盟军凯旋的曲目中，

《义勇军进行曲》赫然名列其中。1940 年，美国著名黑人歌唱家保罗·罗伯逊在纽约演唱了这首歌。他表示，《义勇军进行曲》唱出了中国人民争取自由解放的决心，而且也唱出了包括美国黑人在内的全世界被压迫人民争取自由解放的决心。之后，他灌制了一套名为《起来》的中国革命歌曲唱片，宋庆龄亲自撰写了序言。

在人民解放战争取得节节胜利的形势下，中国共产党开始考虑筹建新的政权，号召各民主党派、各人民团体、各社会贤达迅速召开政治协商会议，讨论并实现召集人民代表大会，成立民主联合政府，社会各界给予热烈响应。1949 年 6 月，新政治协商会议筹备会第一次会议在北京召开，拟定新中国的国旗、国徽、国歌是此次会议的重要任务之一。筹备会常务委员会下设六个小组，其中第六小组负责拟定国旗、国徽及国歌方案，组长由中国民主促进会负责人马叙伦担任。7 月 4 日下午，第六小组在中南海勤政殿举行第一次全体会议，推选郭沫若、田汉、沈雁冰、钱三强、欧阳予倩组成国歌词谱初选委员会，郭沫若为召集人。会后，郭沫若、沈雁冰、郑振铎草拟《征求国旗国徽图案及国歌辞谱启事（草案)》，经周恩来审改，并呈送毛泽东、朱德、李济深、张澜、林伯渠等新政协筹备会常委征求意见。7 月 14 日，征集启事开始连续在《人民日报》等各大报纸刊登。启事刊登后反响强烈，在一个月内，共收到应征来稿国歌曲谱 632 件，歌词 694 件。8 月 5 日，第六小组第二次全体会议决定聘请音乐家马思聪、贺绿汀、吕骥、姚锦新为国歌词谱初选委员会专家顾问。8 月 24 日，第六小组第三次全体会议经讨论审议，确定国歌歌词进入复选的 13 件，印制成《应征国歌歌词复选集（一)》，但认为应征歌词“似尚未臻完善”，仍请文艺专家继续拟制。9月17日，新政协筹备会议第二次全体会议通过决议，将国旗、国徽、国歌的制定工作移交中国人民政治协商会议第一届全体会议。9月25日晚，毛泽东、周恩来在中南海丰泽园主持座谈会，听取关于国旗、国徽、国歌、纪年、国都问题的意见。会上，马叙伦提出，根据目前的情况，国歌一下子还制定不出来；《义勇军进行曲》产生于中华民族生死存亡的关头，它传遍祖国大地，成为中国人民反抗外来侵略的一首高昂的战歌，是否可以暂时用《义勇军进行曲》作为代国歌。许多委员赞成马叙伦的提议，也有的委员提出“歌词在过去有历史意义”，为了适应新时代要求，“最好把词修改一下”。周恩来表示，就用原来的歌词。他说：“这样才能鼓动情感，修改后，唱起来就不会有那种情感。”最后，与会者一致赞同用《义勇军进行曲》代国歌。大家一致认为，十几年前，这首歌鼓舞了全国人民的战斗热情，今后它将继续鼓舞各族人民胜利前进，去建设一个繁荣强盛的新中国。9月26日，国旗国徽国歌国都纪年审查委员会召开第一次会议，一致同意“在未制定正式国歌以前，拟暂以义勇军进行曲代之”。9月27日，中国人民政治协商会议第一届全体会议通过了《关于中华人民共和国国都、纪年、国歌、国旗的决议》，其中第三项规定：“在中华人民共和国国歌未正式制定前，以《义勇军进行曲》为国歌。”至此，代表着新中国象征的中华人民共和国国歌产生。9月28日，《人民日报》刊登中国人民政治协商会议第一届全体会议一致通过的包括国歌在内的六项决议。9月29日，《人民日报》刊登了《义勇军进行曲》词谱。10月1日举行开国大典，在《义勇军进行曲》的雄壮旋律中，毛泽东亲手升起第一面五星红旗。11月15

日《人民日报》就确定《义勇军进行曲》为国歌进一步说明：《义勇军进行曲》是十余年来在中国广大人民的革命斗争中最流行的歌曲，已经具有历史意义。采用《义勇军进行曲》为中华人民共和国国歌而不加修改，是为了唤起人民回想祖国创业过程中的艰难忧患，鼓舞人民发扬反抗帝国主义侵略的爱国热情，把革命进行到底。

新中国成立初期，不仅确定了国歌，也研究了奏唱国歌的办法。1949 年 10 月 26 日，中央人民政府委员会办公厅对外征求对《国歌奏唱办法（草案)》的意见。10 月 31 日，原政协筹备会第六小组召开全体会议，讨论的议题包括《国歌奏唱办法（草案)》。11 月 3 日，毛泽东在中央人民政府委员会办公厅送请核阅的《国旗升挂办法》和《国歌奏唱办法》上作出批示："交政治局讨论"。1950 年 8 月 18 日，在政务院会议室召开关于国徽使用、国旗悬挂、国歌奏唱办法及审查国徽图案的座谈会，会议一致同意三项办法并加以修正。其中，《国歌奏唱办法》主要规定了国歌奏唱场合、奏唱方式、奏唱礼仪，并规定了外交场合如何奏国歌。

《义勇军进行曲》被确定为国歌后，在历史上也经受了一些曲折。"文革"开始后不久，田汉含冤去世，他所作的歌词不能唱了，一段时期内，在外交等正式场合只奏国歌，不唱国歌。粉碎"四人帮"以后，有些人认为我们国家已进入新的历史时期，《义勇军进行曲》的歌词已不能反映变化的现实，提议重写国歌歌词。1977 年成立了国歌征集小组，聘请了一些老作家、老音乐家作为顾问开始国歌征集工作，最后确定了用原国歌曲调填词的方案。1978 年 3 月 5 日，五届全国人大一次会议通过了关于中华人民共和国国歌的决定，对田汉原作的歌词进行了更改，并注明“聂耳曲、集体填词”。新的国歌不仅歌词改变了，为适应新改的歌词，曲谱也作了三处小的调整。

对更改国歌歌词，各方面一直有不同意见。广大人民群众喜爱原歌词，怀念原歌词，新歌词基本没有被传唱。随着全国工作重心的转移和改革开放的推进，以及田汉的冤案于1979年4月得到平反昭雪，在全民讨论宪法修改草案的过程中，各界人士一致要求恢复《义勇军进行曲》原词。1982年12月3日，五届全国人大五次会议通过了关于中华人民共和国国歌的决议，决定：恢复《义勇军进行曲》为中华人民共和国国歌，撤销五届人大一次会议关于国歌的决定。国歌决议（草案）的说明中提出：“1949年中国人民政治协商会议决定，在国歌未正式制定前，以《义勇军进行曲》为国歌。这个国歌反映了中国人民的革命传统，体现了居安思危的思想，激励了中国人民的爱国主义精神，多年来已经深入人心。1978年本届全国人大一次会议通过改定国歌歌词，各方面一直有不同意见。全国人民代表大会许多代表、宪法修改委员会许多委员和各界人士都建议恢复国歌原词。因此，大会主席团建议这次大会通过决议，恢复《义勇军进行曲》为中华人民共和国国歌，撤销本届全国人大一次会议关于国歌的决定。”12月5日《人民日报》及同年第5号《全国人民代表大会常务委员会公报》中公布了国歌《义勇军进行曲》的词谱。此后，为了规范国歌的奏唱、使用，1984年8月中宣部下发了《关于中华人民共和国国歌奏唱的暂行办法》，规范了国歌可以奏唱的场合、不得奏唱的场合、奏唱的礼仪以及加强宣传教育等。1994年8月，中共中央印发的《爱国主义教育实施纲要》明确提出，唱国歌是公民表达爱国情感的一种神圣行为，在升国旗仪式和大型集会等活动中，要奏国歌，而且要提倡齐唱国歌。

也正是由于国歌所经历的历史曲折，社会上一直存在对国歌进行立法的呼声。大家认为，国歌与国旗、国徽地位平等，都是国家的象征，而我国分别于1990年和1991年制定了国旗法和国徽法，但对国歌却一直未专门进行立法，无论从填补国家象征制度立法空白出发，还是从国歌使用的现实需要出发，都应当尽快立法。

2003年4月和8月，中共中央两次发出通知，向全国各省、自治区、直辖市党委及中央和国家机关各部委、人民团体党组，征求对修改宪法部分内容的意见。一些地方和部门都提出，国歌是国家的象征，应当在宪法中作出明确规定。党中央采纳了这一建议，在2003年10月举行的党的十六届三中全会上通过的《中共中央关于修改宪法部分内容的建议》中提出将“中华人民共和国国歌是《义勇军进行曲》”写入宪法。2004年3月14日，十届全国人大二次会议通过的宪法修正案正式赋予国歌以宪法地位，明确规定：将宪法第四章章名“国旗、国徽、首都”修改为“国旗、国歌、国徽、首都”。“中华人民共和国国歌是《义勇军进行曲》”。关于宪法修正案（草案）的说明中提出：“赋予国歌的宪法地位，有利于维护国歌的权威性和稳定性，增强全国各族人民的国家认同感和国家荣誉感。”

条文解读

国歌是国家的标志和象征。我国宪法第一百三十六条第二款明确规定：“中华人民共和国国歌是《义勇军进行曲》。”本条是对宪法上述规定的重申。根据本法的附件，《义勇军进行曲》为田汉作词、聂耳作曲。

第三条　中华人民共和国国歌是中华人民共和国的象征和标志。

一切公民和组织都应当尊重国歌，维护国歌的尊严。

条文主旨

本条是关于国歌性质和地位的规定。

立法背景

世界上大多数国家的国歌内容多是反映追求独立、反抗侵略的历程以及赞美祖国的，起到了凝聚人心、表达爱国之情的作用。国歌用于各类重要场合，成为各国国家仪式和符号的重要组成部分。世界上最古老的国歌荷兰的《威廉颂》是荷兰人为反抗西班牙统治所作，象征着荷兰人反抗侵略的决心和勇气。在十九世纪战争频发的欧洲，国歌多是激昂慷慨、鼓舞斗志的战斗歌曲，如深受法国人喜爱、流行广泛、被称为自由赞歌的法国国歌《马赛曲》，是法国追求自由的象征和标志。二十世纪后，很多民族独立的国家将反抗侵略、追求解放独立、流传广泛的歌曲作为国歌，象征着国家独立和解放。此外，还有一些国家的国歌象征着国家统一和尊严，如澳大利亚国歌《前进，美丽的澳大利亚》、加拿大国歌《哦，加拿大》等。

世界上很多国家和地区在法律中明确国歌是国家的象征和标志，并要求所有公民和组织尊重国歌，维护国歌的尊严。如《俄罗斯联邦国歌法》第二条第一款规定，俄罗斯联邦国歌是俄罗斯联邦的官方国家象征。俄罗斯联邦国歌是在本联邦宪法性法律规定的情形下演奏的音乐诗歌作品。澳门《国旗、国徽及国歌的使用及保护》(第5/1999号法律）规定，“国歌”《义勇军进行曲》被视为国家象征，国家象征应当被尊重和爱护。

中国自清末以来，不同历史时期制定了不同的国歌，先后有清末的《巩金瓯》、袁世凯的《中国雄立宇宙间》、北洋政府的《卿云歌》、国民党中华民国政府的《三民主义歌》。不同历史阶段的国歌制定者均强调国歌的重要象征意义。1911年10月4日清帝溥仪降谕，将《巩金瓯》“著即定为国乐，一体遵行”，国乐即是用于国家重大仪式的音乐，代表国家的音乐。1912年南京临时政府教育部征集国歌词谱时提出“国歌所以代表国家之性质，发扬人民之精神，其关系重大”。

条文解读

一、国歌成为我国国家象征和标志的立法过程

1954年宪法、1982年宪法第四章规定了国旗、国徽、首都，未规定国歌。我国分别于1990年和1991年制定了国旗法和国徽法，首次在法律上明确了中华人民共和国国旗、国徽是中华人民共和国的象征和标志，对于维护国家标志尊严，确保国旗、国徽正确使用发挥了重要作用。而我国的国歌《义勇军进行曲》，诞生于20世纪30年代中华民族生死存亡的危急关头，在大江南北、华夏各地广为传唱，激励着中华儿女奋勇抵抗日本侵略，建立新中国。国歌凝结着中国共产党领导人民争取民族独立、人民解放和实现国家富强、人民富裕的全部奋斗，是鼓舞人民奋勇前进的

强劲旋律，是进行爱国主义教育的鲜活教材。1949 年 9 月 27 日，中国人民政治协商会议第一届全体会议通过了《关于中华人民共和国国都、纪年、国歌、国旗的决议》，其中第三项规定："在中华人民共和国的国歌未正式制定以前，以《义勇军进行曲》为国歌。"国歌由田汉作词，聂耳作曲。

从 1954 年我国宪法制定以后，历次宪法均规定了国旗、国徽。我国在 1990 年、1991 年制定《中华人民共和国国旗法》《中华人民共和国国徽法》时，规定了中华人民共和国国旗、国徽是中华人民共和国的象征和标志，每个公民和组织都应当尊重和爱护国旗、国徽。但直到 2004 年 3 月 14 日，十届全国人大二次会议通过的《宪法修正案》第三十一条规定：将宪法第四章章名"国旗、国徽、首都"修改为"国旗、国歌、国徽、首都"。宪法第一百三十六条增加一款："中华人民共和国国歌是《义勇军进行曲》。"至此，十届全国人大二次会议通过的宪法修正案才明确规定"中华人民共和国国歌是《义勇军进行曲》"。将国歌写入宪法，有利于维护国歌的权威性和稳定性，增强全国各族人民的国家认同感和国家荣誉感。2014 年 12 月 12 日，中共中央办公厅、国务院办公厅专门印发了《关于规范国歌奏唱礼仪的实施意见》（中办发〔2014〕66 号），对国歌的奏唱场合、奏唱礼仪和宣传教育作了专门规定。但是，国歌作为中华人民共和国的象征和标志没有得到法律的明确。

近年全国"两会"期间，多位人大代表、政协委员针对上述问题提出建议、提案，呼吁加快推动国歌立法进程，进一步明确国歌的法律地位，加强对国歌的法律保护。在起草制定国歌法时，各方均认为明确"中华人民共和国国歌是中华人民共和国的象征和标志。一切公民和组织，都应当尊重国歌，维护国歌的尊严”是必要的，也是可行的。这就明确了国歌和国旗、国徽享有同等的地位，对于维护国歌尊严具有重要意义。

在国歌法起草过程中，很多人主张，国歌应与国旗、国徽一样作为国家的象征和标志写入法律。有的认为，国歌反映我们国家从苦难中走出来的奋斗过程，反映了我们国家的精神面貌。有的提出，在一些重大会议，重要场合，大型文化、外交、政治等活动中，只要国歌响起，就不由自主地令人肃然起敬，心潮澎湃，一种民族的自豪感、危机的惊觉感、复兴的紧迫感都会随之而来，油然而生。这就是国歌的震撼，国歌的力量，也是国歌的魅力。有的提出，国歌是反映民族之魂的音乐。人们普遍认为，国歌是国家的标志，是民族精神的体现，也是很好的爱国主义教育的题材，体现了习近平总书记提出的中国梦和中国故事。有的提出，国歌是国家的形象。国歌，唱出了中国人民的心声；唱出了中国人民不怕困难、不怕牺牲的精神；唱出了中国人民永远向前进的豪言壮语；唱出了复兴中华民族的伟大梦想。因此，在根据绝大多数人意见的基础上，《国歌法》第三条明确规定：“中华人民共和国国歌是中华人民共和国的象征和标志。一切公民和组织，都应当尊重国歌，维护国歌的尊严。”

二、法律明确国歌是中华人民共和国的象征和标志的意义

新中国成立初期，以《义勇军进行曲》为国歌，是历史的选择，人民的选择。2004 年在宪法中明确了中华人民共和国国歌是《义勇军进行曲》，从而在宪法上形成了完整的国家标志制度。而今天为国歌立法，法律明确规定“中华人民共和国国歌是中华人民共和国的象征和标志。一切公民和组织都应当尊重国歌，维护国歌的尊严”，同样有着凝心聚力的重要现实意义，更有着继往开来的深远历史意义。

一是有利于促进宪法规定的制度得到全面贯彻实施。我国宪法第四章规定了“国旗、国歌、国徽、首都”，国歌与国旗、国徽一样，都是宪法确立的国家象征和标志，代表国家的主权和尊严，理应享有与国旗、国徽同样的法律保护。我国分别于1990年和1991年制定了国旗法和国徽法，对于维护国家标志的尊严，确保国旗、国徽正确使用发挥了重要作用。制定国歌法，就是为了填补立法空白，完善国家标志法律制度，保障宪法得到全面有效的实施。

二是有利于解决国歌奏唱、使用中存在的问题。制定一部专门的国歌法，明确国歌《义勇军进行曲》是中华人民共和国的象征和标志，用法律的形式明确国歌的重要性，通过国家立法对国歌的奏唱场合、奏唱礼仪和宣传教育等进行规范，对于增强国歌奏唱、播放和使用的严肃性和规范性，维护国家尊严和形象，是十分必要的。

国歌是中华人民共和国国家统一和民族团结的象征，凝结着民众对民族的认同、对国家的认同。明确国歌《义勇军进行曲》是中华人民共和国的象征和标志，关系到国家的主权和尊严，给予国歌强有力的法律保障，有利于维护国歌的尊严。同时，这也体现了中央提出的社会主义核心价值观融入法律的要求，将进一步增强公民国家观念，激发其报国的情感，弘扬爱国主义精神，凝聚全国各族人民的力量，意义十分重大。

国歌作为中华人民共和国的象征和标志，对外代表国家主权，对内体现国家尊严，中华人民共和国全体公民、法人组织、非法人组织和其他组织都应当尊重和爱护国歌。明确国歌是中华人民共和国的象征和标志是顺应国家发展的需要，是中华民族团结统一的需要，更是当前同一切分裂祖国的行径进行斗争的需要，恰逢其时。

相关规定

《中华人民共和国国旗法》第三条；《中华人民共和国国徽法》第三条

第四条 在下列场合，应当奏唱国歌：

（一）全国人民代表大会会议和地方各级人民代表大会会议的开幕、闭幕；

中国人民政治协商会议全国委员会会议和地方各级委员会会议的开幕、闭幕；

（二）各政党、各人民团体的各级代表大会等；

（三）宪法宣誓仪式；

（四）升国旗仪式；

（五）各级机关举行或者组织的重大庆典、表彰、纪念仪式等；

（六）国家公祭仪式；

（七）重大外交活动；

（八）重大体育赛事；

（九）其他应当奏唱国歌的场合。

条文主旨

本条是关于应当奏唱国歌的场合的规定。

立法背景

国旗、国徽和国歌都是国家的象征和标志，但是其使用的主要方式各有区别。根据国旗法和国徽法规定，国旗的主要使用方式是升挂，国徽的主要使用方式是悬挂和刻制印章，而国歌作为音乐作品，其最重要的使用方式就是在特定场合奏唱。本法中规定的“奏唱”，既包括奏国歌，也包括唱国歌，还包括同时奏、唱国歌。在本条规定的场合奏唱国歌，一般应当同时奏唱，但是在一些特殊场合，考虑到惯例或者客观条件的因素，也可以单独奏国歌或者唱国歌，实践中具体可以包括四种情形：一是边“奏”边“唱”，如本法第四条第一、二项等；二是只“奏”不“唱”，如外交活动中外国元首、政府首脑的欢迎仪式；三是先“奏”后“唱”，如有的中小学升旗仪式；四是只“唱”不“奏”，如缺乏播放设备等客观条件不允许的情况。出于立法技术的考虑，为了使法律条文更加简洁，本法只笼统规定了“奏唱”，未区分不同情况。总之，在不同场合下，可以根据不同的需要采取不同的形式奏唱国歌。只要这些国歌的奏唱形式是按照本法规定的国歌的歌词和曲谱，且不损害国歌尊严，都是可以的。

条文解读

本法的起草思路之一是既要规范国歌奏唱，又要鼓励广大人民群众爱国歌、唱国歌。因此，在规范国歌奏唱的场合时，采用了“管住两头、鼓励中间”的原则，即除了本条和第八条明确规定应当奏唱国歌的场合和不得奏唱、使用国歌的场合和情形，在这以外的其他情形只要是适宜的场合，都可以奏唱国歌。根据相关文件规定并总结一些多年来的固定做法，本条规定了九类应当奏唱国歌的场合：

第一，全国人民代表大会会议和地方各级人民代表大会会议的开幕、闭幕，以及中国人民政治协商会议全国委员会会议和地方各级委员会会议的开幕、闭幕。我国宪法明确规定："中华人民共和国全国人民代表大会是最高国家权力机关。""全国人民代表大会会议每年举行一次，由全国人民代表大会常务委员会召集。如果全国人民代表大会常务委员会认为必要，或者有五分之一以上的全国人民代表大会代表提议，可以临时召集全国人民代表大会会议。"近年来，通常情况下全国人民代表大会会议在每年三月召开。省、自治区、直辖市、县、市、市辖区、乡、民族乡、镇设立人民代表大会，地方各级人民代表大会是地方国家权力机关。地方各级人民代表大会会议每年至少举行一次。经过五分之一以上代表提议，可以临时召集本级人民代表大会会议。我国宪法规定，中华人民共和国的一切权力属于人民，人民行使国家权力的机关是全国人民代表大会和地方各级人民代表大会。全国人民代表大会会议和地方各级人民代表大会会议是全国人大和地方各级人大行使职权的主要形式，在开幕和闭幕时理应奏唱国歌，彰显国家权力。2005 年全国人大常委会委员长会议通过的《全国人民代表大会会议工作程序》第二十一条规定，宣布大会开幕后，先请全体与会人员起立、奏国歌，然后进行全体会议的各项议程。第二十八条规定，各项表决进行完毕后，由委员长致闭幕词。换届时，先请国家主席发表讲话，然后由委员长致闭幕词。最后，全体与会人员起立，奏国歌，宣布大会闭幕。

国旗法第五条规定了应当每日升挂国旗的场合，其中第二项规定“全国人民代表大会常务委员会，国务院，中央军事委员会，最高人民法院，最高人民检察院”；“中国人民政治协商会议全国委员会”。根据宪法规定，中国人民政治协商会议是有广泛代表性的统一战线组织，不属于国家机构。中国人民政治协商会议章程进一步规定，中国人民政治协商会议是中国人民爱国统一战线的组织，是中国共产党领导的多党合作和政治协商的重要机构，是我国政治生活中发扬社会主义民主的重要形式。《中国人民政治协商会议章程》第三十三条规定，中国人民政治协商会议全国委员会全体会议每年举行一次。常务委员会认为必要时，得临时召集之。第四十四条规定，中国人民政治协商会议各级地方委员会的全体会议每年至少举行一次。这些会议开幕、闭幕时，应当奏唱国歌。

第二，各政党、各人民团体的各级代表大会等。我国的政党包括中国共产党和八个民主党派，其中中国共产党是执政党，八个民主党派是中国国民党革命委员会、中国民主同盟、中国民主建国会、中国民主促进会、中国农工民主党、中国致公党、九三学社、台湾民主自治同盟。人民团体是指由中国共产党领导的，按照其各自特点组成的从事特定的社会活动的全国性群众组织，主要是指作为全国政协组成机构的八个团体，包括：中国共青团、中华全国总工会、中华全国妇女联合会、中华全国青年联合会、中华全国工商联合会、中国科学技术协会、中华全国台湾同胞联谊会、中华全国归国华侨联合会。上述政党和人民团体中，大部分召开代表大会，但中华全国青年联合会采取团体会员制，不召开代表大会，而召开委员会全体会议，因此本项规定了“代表大会等”。此外，在实践中，对于奏唱国歌的时点做法也不太统一，例如中国共产党的代表大会在开幕时奏唱国歌，闭幕时奏唱国际歌，而有的政党或者人民团体的代表大会则在开幕、闭幕时都奏唱国歌。为此，本项没有对开幕和闭幕作明确规定，可以由各政党、各人民团体根据实际情况具体掌握。

第三，宪法宣誓仪式。2015 年 7 月 1 日第十二届全国人大常委会第十五次会议通过了关于实行宪法宣誓制度的决定，其中对于宪法宣誓仪式规定：“宣誓仪式根据情况，可以采取单独宣誓或者集体宣誓的形式。单独宣誓时，宣誓人应当左手抚按《中华人民共和国宪法》，右手举拳，诵读誓词。集体宣誓时，由一人领誓，领誓人左手抚按《中华人民共和国宪法》，右手举拳，领诵誓词；其他宣誓人整齐排列，右手举拳，跟诵誓词。”“宣誓场所应当庄重、严肃，悬挂中华人民共和国国旗或者国徽。”“负责组织宣誓仪式的机关，可以根据本决定并结合实际情况，对宣誓的具体事项作出规定。”虽然在决定中没有明确要求奏唱国歌，但是在实践中，无论是全国人大常委会，还是国务院、最高人民法院、最高人民检察院举行的宪法宣誓仪式中，都在仪式开始时奏唱国歌。在上述机关制定的一些具体组织办法中，对此也有明确。例如，《最高人民法院关于宪法宣誓的组织办法》第六条第一款规定：“举行宣誓仪式，应当奏唱中华人民共和国国歌。”本法在吸收实践经验的基础上，明确要求宪法宣誓仪式应当奏唱国歌。一些地方制定的具体组织办法中也有类似规定，例如《新疆维吾尔自治区国家工作人员宪法宣誓办法》第九条规定：“宣誓场所应当庄重、严肃，悬挂中华人民共和国国旗或者国徽，现场奏唱国歌。宣誓人应当着正装或配发的制式服装。"《北京市人民政府及其各部门任命的国家工作人员宪法宣誓实施办法》第四条规定："举行宣誓仪式，应当奏唱中华人民共和国国歌。"

第四，升国旗仪式。《国旗法》第十三条对升国旗仪式作了明确规定："升挂国旗时，可以举行升旗仪式。""举行升旗仪式时，在国旗升起的过程中，参加者应当面向国旗肃立致敬，并可以奏国歌或者唱国歌。""全日制中学小学，除假期外，每周举行一次升旗仪式。"其中，《国旗法》第十三条第二款规定为升国旗仪式"可以奏国歌或者唱国歌"。在国旗法实施将近三十年来，升国旗同时奏唱国歌已经成为实践中非常普遍的做法。因此，本条中也将升国旗仪式规定为应当奏唱国歌的场合。按照新的规定优于旧的规定的原则，今后升国旗仪式时一律应当奏唱国歌。

第五，各级机关举行或者组织的重大庆典、表彰、纪念仪式等。各级机关中的"机关"主要包括中国共产党的机关、人大机关、行政机关、政协机关、监察机关、审判机关、检察机关、民主党派和工商联机关等，规定由各级机关举行或者组织，主要是区别于一般的商业庆典、群众性活动等。根据实际做法，重大庆典、表彰、纪念仪式包括新中国成立周年庆祝活动，香港、澳门回归周年庆祝活动，举行颁授国家勋章、国家荣誉称号的仪式，在抗日战争胜利纪念日、烈士纪念日举行的纪念活动等。不仅中央机关组织的活动、仪式应当奏唱国歌，地方机关举行的上述重大庆典、表彰、纪念仪式也应当奏唱国歌。例如，2007 年《大庆市人民政府办公室关于举办庆祝建军八十周年阅兵式暨双拥表彰大会的通知》规定，宣布大会开始后，升国旗、奏国歌。

第六，国家公祭仪式。为了悼念南京大屠杀死难者和所有在日本帝国主义侵华战争期间惨遭日本侵略者杀戮的死难者，揭露日本侵略者的战争罪行，牢记侵略战争给中国人民和世界人民造成的深重灾难，表明中国人民反对侵略战争、捍卫人类尊严、维护世界和平的坚定立场，2014 年 2 月 27 日，第十二届全国人大常委会第七次会议通过设立南京大屠杀死难者国家公祭日的决定，将 12 月 13 日设立为南京大屠杀死难者国家公祭日。每年 12 月 13 日国家举行公祭活动，悼念南京大屠杀死难者和所有在日本帝国主义侵华战争期间惨遭日本侵略者杀戮的死难者。根据相关部门制定的公祭仪式安排，在公祭仪式开始时首先要奏唱国歌，本条也是根据 2014 年以来的实际做法对此作了明确。此外，目前一些地方开展的公祭黄帝、炎帝、大禹等活动，属于文化民俗活动，不是本法规定的国家公祭仪式。

第七，重大外交活动。本条对重大外交活动应当奏唱国歌作了原则性要求，同时考虑外交活动中情况比较复杂，实践中往往需要由相关国家外交部门就有关流程进行磋商后确定，因此第九条中授权了外交部对奏唱国歌的场合作具体规定。目前比较普遍的奏唱国歌的外交活动主要有四类：（1）我国国家主席和国务院总理，分别为来华进行国事和正式访问的外国元首和政府首脑举行欢迎仪式时，演奏我国国歌和来访国国歌。（2）我国国家主席和国务院总理对外国进行国事访问和正式访问期间，外国国家元首和政府首脑举行欢迎仪式时，演奏我国国歌和往访国国歌。（3）我国领导人出访或者外国领导人访华期间，两国领导人共同出席的两国或者多边会议中的国家级大型活动，演奏我国国歌和另一国家国歌。(4) 驻外使领馆每年举行的国庆招待会奏唱国歌。

第八，重大体育赛事。实践中，国内比赛包括全国综合性运动会、全国单项体育竞赛等，国际比赛包括如奥运会、亚运会等。根据一些国际体育组织规则，唱国歌是体育比赛开幕式、闭幕式、颁奖中的重要仪式，奏唱国歌往往与升国旗同时进行。升国旗、奏国歌时，要求运动员、教练员、裁判员及现场观众全体起立，面向国旗行注目礼。田径比赛中，运动场内虽有多个项目同时进行，根据赛程安排和相应规则，颁奖仪式尽可能在比赛间歇举行。遇有特殊情况，颁奖仪式必须举行的，能暂时停止的项目如跳高、跳远、铅球等都应遵循裁判指示暂停比赛。

第九，其他应当奏唱国歌的场合。本条第九项属于兜底条款，为了防止挂一漏万，对目前列举不尽，实践中可能出现的需要奏唱国歌的场合留下接口和余地，如出现规范性文件规定的“遇有维护祖国尊严的斗争场合”可以包括在第九项中。

相关规定

《中华人民共和国国旗法》第五条、第十三条；《全国人民代表大会会议工作程序》第二十一条；《最高人民法院关于宪法宣誓的组织办法》第六条

第五条　国家倡导公民和组织在适宜的场合奏唱国歌，表达爱国情感。

条文主旨

本条是关于鼓励奏唱国歌的规定。

立法背景

荀子曾说："声乐之入人也深，其化人也速，故先王谨为之文。乐中平则民和而不流，乐肃庄则民齐而不乱"，阐明好的音乐对人心的良好教化作用。我国国歌《义勇军进行曲》是二十世纪三十年代中期电影《风云儿女》的主题曲，由田汉作词、聂耳作曲。在日本帝国主义加紧侵略中国、中华民族生死存亡的紧急关头，《义勇军进行曲》以铿锵有力的词句伴着雄壮激昂的旋律，唱出了中国人民反帝爱国的强烈心声，激励着中华儿女挺起脊梁、众志成城，以血肉之躯筑起拯救民族危亡的钢铁长城。歌曲一经问世，就在大江南北、长城内外广为传唱，并在世界很多国家传播。《义勇军进行曲》凝结着中国共产党领导中国各族人民为争取民族独立、人民解放和实现国家富强、人民富裕不屈不挠、英勇奋斗的精神，凝聚着各族人民实现中华民族伟大复兴的梦想。《义勇军进行曲》作为我们国家的声音形象和"第一声音"，在培育和践行社会主义核心价值观、激发广大人民群众的爱国情怀方面，具有得天独厚的优势。国歌法在起草过程中，就一直注意避免由于管制过多，导致广大公民和组织不敢奏唱国歌。在起草思路中明确要坚持从实际出发，注重规范与引导并重，在保证国歌奏唱严肃性和规范性的同时，加强国歌宣传教育，鼓励广大人民群众唱国歌、爱国歌，弘扬爱国主义精神。

条文解读

2014 年《中共中央办公厅、国务院办公厅关于规范国歌奏唱礼仪的实施意见》中，规定"国歌可以在下列场合奏唱"，其中包括："重要的庆典活动或者政治性公众集会开始时，正式的外交场合或者重大的国际性集会开始时，举行升旗仪式时，重大运动赛会开始或者我国运动员在国际体育赛事中获得冠军时，遇有维护祖国尊严的斗争场合，重大公益性文艺演出活动开始时，其他重要的正式场合。"在起草过程中也有一些意见提出，除了对应当奏唱国歌和不得奏唱国歌的场合作规定外，是否也要对可以奏唱国歌的场合作一些列举规定。当时的考虑是，如果法律中对可以奏唱国歌的场合作出明确，就会产生法律规定以外的场合是否不可以奏唱的疑惑。因此，从鼓励公民和组织奏唱的角度出发，本法对应当奏唱和不得奏唱之间的中间地带作了原则规定，只要是在适宜的场合，法律都鼓励公民和组织奏唱国歌。其他有的国家也有类似对奏唱国歌场合作出概括性规定的立法，例如新加坡的法律中就规定，在总统接受致敬时应奏唱国歌，在其他任何适宜的场合均可奏唱国歌。

根据本条规定，只要奏唱的场合不会对国歌的尊严和形象产生负面影响，出于表达爱国情感的需要，就鼓励公民和组织奏唱国歌。例如，2014 年《中共中央办公厅、国务院办公厅关于规范国歌奏唱礼仪的实施意见》中规定的"重大公益性文艺演出活动开始时"以及实践中出现比较多的基层单位党委、工会换届，各级各类学校的开学、毕业典礼、成人礼，学校、企业事业单位举行的运动会，各大公园群众自发组织的乐团、合唱团等，都可以奏唱国歌。

相关规定

《中共中央办公厅、国务院办公厅关于规范国歌奏唱礼仪的实施意见》

第六条　奏唱国歌，应当按照本法附件所载国歌的歌词和曲谱，不得采取有损国歌尊严的奏唱形式。

条文主旨

本条是关于奏唱国歌的内容及奏唱形式的规定。

立法背景

我国的国歌《义勇军进行曲》歌词共有 84 个字，曲谱共有 37 小节。1935 年 1 月，剧作家田汉在上海创作了电影《风云儿女》主题歌《义勇军进行曲》歌词。音乐家聂耳请求为《义勇军进行曲》谱曲，于同年 3 月下旬在上海创作了曲谱的初稿，并于 4 月下旬在东京定稿。5 月间，上海《申报》《时报》等各大报刊刊出《义勇军进行曲》词谱，从国家图书馆报刊阅览室影印件来看，歌词为："起来！不愿做奴隶的人们！把我们的血肉，筑成我们新的长城！中华民族到了最危险的时候，每个人被迫着发出最后的吼声！起来！起来！起来！我们万众一心，冒着敌人的炮火前进！冒着敌人的炮火前进！前进！前进！进！"。1935 年 7 月 17 日，聂耳在日本不幸去世；12 月 31 日，在日本的中国留学生出版了《聂耳纪念集》，首次刊出聂耳的手稿，从现存的资料看，这个手稿包括词曲，题目为"进行曲"。1949 年 9 月 27 日，中国人民政治协商会议第一届全体会议通过了《关于中华人民共和国国都、纪年、国歌、国旗的决议》，明确"在中华人民共和国的国歌未正式制定前，以义勇军进行曲为国歌"。当时并未对《义勇军进行曲》进行修改，主要目的是为了唤起人民回想新中国建立时的艰难忧患，鼓舞人民发扬反抗帝国主义侵略的爱国热情，把革命进行到底。9 月 29 日《人民日报》刊出了《义勇军进行曲》的词曲，词曲的标题为“义勇军进行曲”，曲谱仍是简谱和五线谱两种记谱法标记的旋律曲谱，只是简谱在上、五线谱在下，曲谱标记着“G 调、2/4 拍”。1978 年 3 月 5 日，五届全国人大一次会议通过关于中华人民共和国国歌的决定，更改了田汉原作的歌词，改为集体填词。表面看来，只改了歌词，但实际上为适应新词，曲谱也作了三处改动。从形式上看，这一曲谱仍然采用简谱和五线谱两种记谱法标记，但与 1949 年公开的词曲不同的是五线谱在上、简谱在下。曲谱上还标记着“G 调、2/4 拍、进行曲”。由于各方面对更改国歌歌词一直有不同意见，1982 年 12 月 3 日，五届全国人大五次会议决定：恢复《义勇军进行曲》为中华人民共和国国歌，撤销本届全国人大一次会议通过的决定。同年 12 月 5 日《人民日报》及同年第 5 号《全国人大常委会公报》中公布了国歌的词谱，词曲的标题为“中华人民共和国国歌（义勇军进行曲）”，这一版的国歌曲谱恢复了 1949 年的曲谱，也采用了简谱在上、五线谱在下的标记法，标记了“G 调、2/4 拍”，还增加标记了“进行曲速度”。澳门《国旗、国徽及国歌的使用及保护》（第 5/1999 号法律）将国歌的词谱列入附件四，并称之为“正式总乐谱”。这一乐谱与 1982 年《全国人大常委会公报》上的曲谱完全一致。

国歌法草案一次审议稿附件中所载的国歌词谱是 1982 年第 5 号《全国人大常委会公报》公布的词谱。其中的曲谱和前述 1935 年、1949 年和 1978 年的曲谱一样，均为“旋律曲谱”。所谓“曲谱”，是指记录声乐曲或器乐曲的乐谱，是音乐作品书面的表现形式，是可供演唱或演奏的音乐文本。就声乐作品而言，“旋律曲谱”直观展现了作品的基本状态，简洁直接地记录了作曲家的创作意图。从使用角度来说，“旋律曲谱”的受众面广，专业音乐人士与非专业音乐人士均可使用，且适用于多种演唱或者演奏形式，如独唱、齐唱、器乐独奏或齐奏，因此其使用场合更为广泛。国歌的“旋律曲谱”采用了简谱和五线谱两种记谱法标记。五线谱和简谱分别属于记谱法的不同体系。五线谱，英文为“staff”，直译为“谱表”，我国称为“五线谱”，属于音位记谱法的一种。现在国际通用的谱表样式是在欧洲记谱法长期发展过程中由纽姆谱和有量记谱法演变而来，大约十七世纪初趋于完善，十八世纪定型，十九世纪中叶获得推广。我国最早有关五线谱的文字记载见于1713年清康熙敕撰的音乐论著《律吕正义》。作为国际通用的记谱法，五线谱的特点是：（1）科学、系统、规范；（2）谱面体现的信息丰富且精确；（3）几乎能满足所有音域、乐器、音乐作品的记谱需要；（4）国际通用、使用范围广。简谱，属于文字记谱法的一种，由法国文学家、音乐家卢梭[1]于1742年根据十六世纪在欧洲出现的用数字代表音符的记谱法发明，后由法国人加兰[2]、帕里斯[3]、谢威[4]广泛推行，十九世纪末由日本传入中国。其特点是简单易学，但是在记谱方面存在一定的局限性，不适合复杂、高深的记谱要求，而且使用范围相对较小，仅在中国、日本及东南亚的一些国家使用。一般情况下，标记曲谱应当分别使用五线谱或者简谱，为何国歌的旋律曲谱要使用两种

---

① 卢梭（Jean－Jacques Rousseau，1712—1778），法国文学家、作曲家、音乐理论家。

② 加兰（Pierre Galin，1786—1821），法国数字音符视唱体系创始人。

③ 帕里斯（Aime Paris，1798—1866），法国教育家。

④ 谢威（Emile Joseph Maurice，1804—1864），法国物理学家。

记谱法同时标记呢？据音乐专家介绍，前述 1949 年、1978 年和 1982 年的国歌曲谱，均沿袭了 1935 年报刊、书籍刊登的聂耳的手稿。聂耳之所以采取两种方法记谱，主要是因为当时五线谱的普及率不高。为了使《义勇军进行曲》得以广泛传唱，聂耳在五线谱之下又标记了简谱。

在起草和审议过程中，有的音乐家提出，1982 年《全国人大常委会公报》上的国歌旋律曲谱在音符、节奏方面是准确的，但没有具体的速度、力度和表情记号等曲谱的基本要素，难以充分体现国歌的形象和精神内涵，建议予以完善：一是关于速度，目前曲谱中标注的“进行曲速度”是一个比较模糊的概念，建议明确一个参考值，如每分钟 96 拍；二是关于力度标记，目前曲谱只有在歌词“起来！起来！起来！”上标注了一个渐强符号，建议在其他有关地方增加力度标记；三是关于感情记号，通常曲谱都会标注感情记号表示演奏时的情绪，建议在国歌曲谱上增加标注“庄严地”或者“庄严雄壮地”。有的音乐家提出，草案中国歌词谱的版式采用了五线谱和简谱混排的方式，不符合目前通用的曲谱排版形式，为便于实际使用，满足不同方面需要，建议将五线谱版和简谱版分排。考虑此项工作政治性、专业性强，经与中央宣传部沟通，由中央宣传部组织中国音乐家协会及部分音乐家对国歌的词谱以及排版形式进行了审定。审定意见提出，建议仍采用 1982 年第 5 号《全国人大常委会公报》公布的国歌词曲谱，但简谱与五线谱不再混排，分开印制。根据这一意见，草案二次审议稿对附件中国歌词谱的版式作出调整，形成了目前国歌法附件中的五线谱版、简谱版的国歌词曲谱。两个版本分附其后，既兼顾了五线谱作为传播范围广的通用记谱法的国际现状，也结合简谱在我国拥有较强群众基础的实际国情，符合目前国际通用的乐谱出版规范要求，更具有实用性，也更清晰、美观。需要说明的是，考虑到在曲谱上增加标记速度、力度和表情记号等专业性较强，普通公民对这样的曲谱难以学习掌握，因此国歌法附件所载的曲谱并未增加标记。本法第十条规定了国务院确定的部门组织审定、录制国歌标准演奏曲谱、国歌官方录音版本。对于音乐专家提出的建议，将随着国歌标准演奏曲谱、国歌官方录音版本的审定、录制以及发布和推广予以体现。

条文解读

一、奏唱国歌，应当按照本法附件所载国歌的歌词和曲谱

国歌与国旗、国徽最大的不同在于后者有固定的物质载体，具有明显的识别度，而国歌是音乐作品，需要通过奏唱者的奏唱来体现国歌的形象，因此依据什么内容奏唱，采取什么形式奏唱至关重要。为了体现国歌奏唱的严肃性和规范性，很多国家和地区在法律附件中均规定了国歌的歌词和曲谱。例如，俄罗斯法律规定，根据《俄罗斯联邦宪法》第七十条，基于本联邦宪法性法律附件一和附件二，批准俄罗斯联邦国歌的词曲。加拿大法律规定，歌曲《哦！加拿大》的词、曲被指定为加拿大国歌。中国澳门地区规定，国歌应依照本法附件四的正式总乐谱的准确规定进行演奏。菲律宾则在法律的正文中列出了歌词。

法律附件与法律正文具有同等法律效力，根据本条规定，无论是奏国歌，还是唱国歌，都应当依照本法附件所载国歌的歌词和曲谱。本法第十五条还规定，在公共场合，故意篡改国歌歌词、曲谱，需承担相应的法律责任。

二、奏唱国歌，不得采取有损国歌尊严的奏唱形式

何为“奏唱形式”？奏唱形式是指演奏形式和演唱形式。“演奏形式”包括独奏、齐奏、重奏、合奏等。“独奏”是指单独一人演奏某种乐器的演奏形式。“齐奏”是指几件乐器或管弦乐队全体演奏同一旋律的演奏形式。“重奏”是指两个或两个以上的少数人，各按自己所担任的声部同时演奏的演奏形式。按人数可分为二重奏、三重奏、四重奏、五重奏等。“合奏”是指多种乐器演奏多声部乐曲的演奏形式。按使用乐器可分为民乐合奏、弦乐合奏、管乐合奏、管弦乐合奏等。“演唱形式”包括独唱、齐唱、重唱、合唱等。“独唱”是指单独一人的演唱形式。“齐唱”是指多人演唱同一旋律的演唱形式。“重唱”是指两个或两个以上的少数人，各按自己所分任的声部同时演唱的演唱形式。按声部或人数分为二重唱、三重唱、四重唱、六重唱等。“合唱”是指集体演唱多声部音乐的演唱形式。根据人声可分为童声合唱、女声合唱、男声合唱、混声合唱。

对同一部音乐作品可以采取不同的奏唱形式，产生的效果也不同。如采取不同的配器方法对国歌进行演奏，管乐、管弦乐或者电声乐器演奏国歌的效果也不同。为了维护国歌的尊严，一些国家专门对国歌奏唱的形式作出规定。如俄罗斯规定，俄罗斯联邦国歌可以在管弦乐、合唱、交响乐、歌剧或者其他演奏形式中使用。为此，可以使用录音录像以及电视和无线电设备。在俄罗斯联邦总统规定的情形下以及按照俄罗斯联邦总统规定的程序，允许在其他音乐作品和其他艺术作品中使用俄罗斯联邦国歌。新加坡规定，奏唱时将国歌纳入任何曲目或混成曲、未精确地反映国歌完整曲调和官方歌词，视为侮辱国歌的行为。

考虑艺术形式的多样性，为了积极倡导公民和组织奏唱国歌表达爱国情感，弘扬爱国主义旋律，国歌法未对奏唱国歌的具体形式作出限定。但是，国歌毕竟不同于一般的音乐作品，它是国家的象征和标志。为了严肃国歌的奏唱，维护国歌的尊严，本条规定，奏唱国歌不得采取有损国歌尊严的奏唱形式。本法第十五条也规定，在公共场合，以歪曲、贬损方式奏唱国歌要承担相应的法律责任。歪曲、贬损方式主要是指故意以轻佻、极慢、极快等不适宜的形式奏唱国歌来损害国歌尊严和形象。至于实践中，何种奏唱形式有损国歌的尊严，根据本法第十四条的规定，将由县级以上各级人民政府及其有关部门进行监督管理。

在国歌法起草和审议过程中，有的意见提出，从文艺创作角度而言，国歌与其他文学艺术作品并无本质差别，根据我国《著作权法》规定，允许对音乐作品进行改编，创作出具有独创性的新作品。我国音乐界尤其是音乐出版界，甚至将“配器”视为“改编”。因此，是否允许对国歌这一特殊的音乐作品进行改编，是否允许国歌歌词或者国歌的主旋律出现在其他音乐、戏剧等文艺作品中，是否需要作出必要的限制？对于这一问题，立法机关进行了深入调研和研究，广泛听取了各方面的意见。而后一致认为，我国国歌《义勇军进行曲》是一首深受广大人民群众喜爱的音乐作品。广大文艺工作者不仅演奏、演唱国歌，还在其他文学、艺术作品中使用国歌，有的还专门创作国歌题材的艺术作品，如吴子牛导演执导的电影《国歌》、上海市歌剧院创作的音乐剧《国之当歌》等。有的音乐作品引用了国歌的音乐素材，例如作曲家吕其明创作的交响诗《红旗颂》，描绘了新中国成立后第一面五星红旗升起的情景。在乐曲开始，小号奏出以国歌为素材的引子，形象地展现了新中国的成立，起到了很好的效果。如果在展现抗日战争题材的诗词中引用国歌的部分歌词应当允许。根据各方面的意见，考虑到国歌是弘扬中华民族精神的重要载体，是进行爱国主义教育的鲜活教材，以不同艺术形式宣传、传播国歌，广泛地弘扬爱国主义精神，都是值得鼓励和提倡的。因此，国歌法并未禁止国歌出现在其他艺术作品中，也未禁止在其他艺术作品中对国歌的歌词和曲谱进行适当引用。但需要指出的是，无论是演奏、演唱国歌，还是适当引用国歌词谱，都不得有国歌法所禁止的行为，包括不得采取有损国歌尊严的奏唱形式，不得故意篡改国歌歌词、曲谱，不得以歪曲、贬损方式奏唱国歌或者以其他方式侮辱国歌，否则就要依据本法第十五条和其他有关法律规定承担相应的法律责任。

相关规定

《关于中华人民共和国国都、纪年、国歌、国旗的决议》；《关于中华人民共和国国歌的决议》；《中华人民共和国国歌法》第六条、第十四条、第十五条

第七条　奏唱国歌时，在场人员应当肃立，举止庄重，不得有不尊重国歌的行为。

条文主旨

本条是关于国歌奏唱礼仪的规定。

立法背景

奏唱礼仪是展现国歌的外在形式，是表达爱国情感的重要表现方式。

一、各国奏唱国歌的礼仪

（一）一般公民奏唱国歌的礼仪

1. 肃立、行注目礼。根据目前掌握的资料，世界上多数国家奏唱国歌时普遍采用肃立、行注目礼的礼仪。尽管很多国家法律中没有规定何为“肃立”，但实践中基本上是身体站立、五指并拢、双手自然下垂，如德国、法国、俄罗斯、韩国、意大利、加拿大等国都是采取这种方式。大部分国家在法律上是较为笼统地要求“站立”，也有一些国家有其他的要求。如《俄罗斯联邦国歌法》第七条规定：“官方演奏俄罗斯联邦国歌时，演奏者应当站立，男性演奏者不得戴头饰。如果演奏俄罗斯联邦国歌时伴随升挂俄罗斯联邦国旗，演奏者应当面向俄罗斯联邦国旗。”

2. 抚胸礼。奏唱国歌时仅有少数国家采用抚胸礼。如《美国法典》规定，在场的所有人员（军人除外，军人行军礼）应该面对国旗，立正，右手放置在心脏部位。未穿着制服人员，如果可能的话，应当用右手取下其头部装饰，将其置于左肩，右手置于心脏部位。此外，墨西哥法律规定，奏唱国歌时，右手放左胸前，掌心向下。

（二）军人奏唱国歌的礼仪

各国军人在奏唱国歌时行军礼，着军服、戴军帽通常行举手礼，携带武器不便行举手礼时，可行注目礼。军礼在具体细节、动作标准上稍有不同。多数国家的军人行举手礼，即五指并拢、手掌伸平，举至右眉眉梢或太阳穴附近位置，手掌朝下，如美国、德国、法国、俄罗斯等国家采取这种礼仪。也有个别国家敬礼方式不同，如波兰陆军的敬礼方式为右手食指和中指并拢、其他三指握拳。注目礼是行礼时身体直立，眼睛注视目标。

二、关于抚胸礼

抚胸礼在伊斯兰国家较为常见，在日常生活中遇到尊贵客人一般先抚胸、后握手以示敬意、欢迎。行抚胸礼一般是右手向内抚左胸，部分国家习惯上抚左胸同时身体稍微向前倾。在一些伊斯兰国家，除了作为日常见面礼仪，在就职宣誓等重要场合也采用抚胸礼，但是一些国家奏唱国歌时，只要求肃立致敬，未要求行抚胸礼，如沙特阿拉伯、卡塔尔、巴基斯坦等国。

美国奏唱国歌时采取抚胸礼，有其特殊的历史渊源。这种礼仪源于美国的宣誓效忠制度。宣誓效忠制度由美国基督教浸礼派牧师佛郎西斯·白勒米于1892年创设，是公立学校上课和国会每日例会的“法定项目”。该制度有两项内容：誓词、礼仪。誓词内容为：“我宣誓效忠国旗和它所代表的美利坚合众国。这个国家在上帝之下，统一而不可分割，人人享有自由和正义的权利。”宣誓效忠礼仪是仿照美国军礼而设定的。美国军礼是五指并拢、手掌伸平，举至右眉眉梢附近位置，手掌心朝下。为与此相区别，宣誓效忠礼仪设定为“右手向前伸直，手掌心向下不变”。后来，佛郎西斯·白勒米担任美国国家教育联合会下政府教育主管委员会主席，在负责为公立学校庆祝哥伦布发现美洲四百周年制作节目时，大力推广这个制度。在他的推广影响下，美国社会上形成了升国旗、奏国歌时右手向前伸直，手掌心向下不变的礼仪。由于没有法律明确规定，一些地方也有采取升国旗、唱国歌时右手放左胸前，手掌心向下的礼仪。

二十世纪二三十年代，纳粹德国借鉴古罗马时代的军礼，形成了纳粹礼。纳粹军队在全部场合实行纳粹礼，这种姿势变成纳粹主义的代表象征之一。由于美国效忠宣誓时的礼仪被认为易与纳粹礼相似，受到美国各界广泛批评。1942 年，美国国会通过法案明确规定，奏唱国歌时右手放于左胸位置（即抚胸），改变了“掌心向下”的动作。从此以后，在各类奏唱国歌的场合，美国民众均实行抚胸礼。

在美国制定国旗法时对奏唱国歌时的礼仪进一步进行了明确，根据《美国国旗法》规定，其一，（1）在演奏国歌时如果出现美国国旗，着制服的武装人员应该在国歌响起时向国旗敬军礼，并保持至国歌演奏结束；（2）在场的武装部队成员及老兵如果未穿着制服，可以依照前项规定敬军礼；（3）在场的其他所有人员应该面对国旗，立正，右手放置在心脏部位。未穿着制服人员，如果可能的话，应当用右手取下其头部装饰，将其置于左肩，右手置于心脏部位。其二，在演奏国歌时如果没有出现美国国旗，在场所有人员应当面朝音乐方向，依照上款规定执行。在美国，奏唱国歌时除军人行军礼，其他公民均应立正，且右手放在左胸上致敬。

三、我国关于奏唱国歌礼仪的相关规定

在本法制定前，一些法律法规、规范性文件也涉及奏唱国歌的礼仪。《中共中央办公厅、国务院办公厅关于规范国歌奏唱礼仪的实施意见》（中办发〔2014〕66 号）中规定了国歌奏唱礼仪，“1. 一般要求。奏唱国歌时，应当着装得体，精神饱满，肃立致敬，有仪式感和庄重感；自始至终跟唱，吐字清晰，节奏适当，不得改变曲调、配乐、歌词，不得中途停唱或者中途跟唱；不得交语、击节、走动或者鼓掌，不得接打电话或者从事其他无关行为。国歌不得与其他歌曲紧接奏唱。2. 外事活动。除遵守一般要求外，着装应当符合外事活动要求；遇接待国宾仪式或者国际性集会时，可以连奏有关国家国歌或者有关国际组织会歌。3. 运动赛会。除遵守一般要求外，国歌奏唱仪式开始前应当全体起立；比赛中遇奏国歌的情况，在不违反竞赛规则的前提下，应当遵循裁判指示暂停比赛活动。4. 学校活动。除遵守一般要求外，少先队员应当行队礼”。

《国旗法》第十三条规定，举行升旗仪式时，在国旗升起的过程中，参加者应当面向国旗肃立致敬，并可以奏国歌或者唱国歌。

《全国人民代表大会会议工作程序》第二十一条规定，宣布大会开幕后，先请全体与会人员起立、奏国歌，然后进行全体会议的各项议程。第二十八条规定，各项表决进行完毕后，由委员长致闭幕词。换届时，先请国家主席发表讲话，然后由委员长致闭幕词。最后，全体与会人员起立，奏国歌，宣布大会闭幕。

《中国人民解放军内务条令》第八十四条规定，升国旗时，在场的全体军人应当面向国旗立正，着军服的行举手礼，着便服的行注目礼。奏唱国歌时，应当自行立正；着军服参加外事活动，听到奏国歌时行举手礼。第四百零三条规定，军人奏唱国歌时，必须庄重热情，严肃认真。集会奏唱时，其礼节按照本条令第八十四条的规定执行。

《小学生日常行为规范（修订)》规定，尊敬国旗、国徽，会唱国歌，升降国旗、奏唱国歌时肃立、脱帽、行注目礼，少先队员行队礼。《中学生日常行为规范（修订）》维护国家荣誉，尊敬国旗、国徽，会唱国歌，升降国旗、奏唱国歌时要肃立、脱帽、行注目礼，少先队员行队礼。

这些法律法规、规范性文件的制定、执行让奏唱国歌时在场人员应当肃立、举止庄重，不得有不尊重国歌的行为成为一种习惯，形成良好的奏唱国歌氛围。

四、国歌法制定时关于奏唱国歌礼仪的讨论

（一）规范礼仪的重要性

在国歌法起草过程中，规范奏唱国歌礼仪得到了很多关注。很多人认为，在中华文明的基因里始终流淌着礼乐之治。国歌属乐，是音乐的一种，也是我们理想追求和政治治理的乐的表现形式和特殊反映。国歌法是把奏唱国歌时的礼仪用法律的形式明确下来，以确保这一国之大礼、国之大乐的威严和功效。制定国歌法，就是用法的形式把奏唱国歌礼仪规范下来，使国歌奏唱的礼乐更加庄严，更有威严，起到更好提升公民的国家观念和爱国意识的作用。通过明确奏唱国歌时的礼仪，用法律来维护和保证运用礼乐来凝聚民族力量、激发民族精神，深入宣扬社会主义的核心价值观

（二）规范礼仪的尺度

有的人提出，国歌法对于礼仪的规定应以指导性规范正面引导为主，对于奏唱国歌禁止性行为，可以作一些原则规定。在立法中涉及对公民个人行为的规范时，要平衡好国歌标准奏唱与公民利用国歌表达爱国热情之间的关系，不要把奏唱国歌的场合限制得过于严格。有的人建议，制定国歌法要处理好规范国歌奏唱、维护国歌尊严，与保护人民群众奏唱国歌抒发民族自豪感和

爱国之情的关系，同时要考虑实践中奏唱国歌不标准的情况可能是受制于奏唱者、乐器、场地等客观条件。有的人提出，关于国歌奏唱场合和礼仪，应该尽可能具体明确，便于操作和落实。有的人提出，要平衡规范国歌使用与利于国歌传唱的关系，区分应当使用和可以使用。应当奏唱国歌的场合一般是正式场合、外交场合、国家重大庆典活动场合，在这些场合奏唱国歌必须强调准确。这些条款要具体、严格，尽量详细。可以奏国歌的场合一般是面向民间的，规范礼仪尺度可以宽松一些。

（三）规范礼仪的具体内容

有的人提出，唱国歌礼仪要明确规范标准。一些法规、规范性文件规定唱国歌要“肃立致敬”，但在实际执行中很多公民不懂何为“肃立”。升国旗、唱国歌时叉开双腿站立、双手握在腹部、两手后背者比比皆是。国歌法要对“肃立”站姿有明确标准规定并有可操作性，以便全体公民按照标准执行，也便于各级组织督导。有的人提出，奏唱国歌时，态度应当庄重、敬重，挺胸收腹立正；应当要求音准与节奏准确、速度准确、有乐句感、咬字吐字清晰、声音饱满。有的人提出，目前中共中央办公厅、国务院办公厅发文中规定的一些要求和礼仪过于具体，在实践中很难做到，建议在国歌法中规定的原则一些，例如节奏适当，不得停唱或者中途跟唱，不得交语、击节、走动或者鼓掌等可以不需要明确规定。在立法过程中，人们普遍认为，奏唱国歌时的仪态规定应当肃立即可，其他不要规定过于具体，同时应规定不能带有不尊重的动作，以防止奏唱国歌时不适当行为的发生。因此，国歌法规定“奏唱国歌时，在场人员应当肃立，举止庄重，不得有不尊重国歌的行为”。

条文解读

我国法律、法规、规范性文件规定，奏唱国歌时，公民需要肃立致敬、行注目礼。一些特殊群体如少先队员应行少先队礼，要求身体立正、右手五指并拢、高举头上。军人一般情况下需行举手礼，携带武器不便行举手礼时可行注目礼。

《国歌法》第七条规定，奏唱国歌时，在场人员应当肃立，举止庄重，不得有不尊重国歌的行为。该条规定的“肃立”的前提条件是“在场人员”。这里的“在场人员”是指奏唱国歌现场的人员，不包括电视台播放国歌时电视机前的人员。其原因在于:《国歌法》第十三条规定重要的国家法定节日、纪念日，中央和地方有关媒体按照规定时点播放国歌，这一规定的初衷是为了强化新闻媒体对国歌的宣传。《国歌法》第七条规定的礼仪强调的是“奏唱国歌时，在场人员”的礼仪，一般指本法第四条规定的奏唱国歌的场合，并未要求在家中收看、收听媒体播放国歌的人员“肃立”致敬。因而，如果电视台播放国歌，在家中观看的人员就不需要肃立。对于“在场人员”是否包括记者、安保人员等，由于记者、安保人员等往往在举行奏唱议事时需要履行自身职责，记者需要拍照、安保人员需要维持现场秩序，对于记者、安保人员等因履行职责在身的，可不按照这个要求执行。

《国歌法》第七条规定奏唱国歌应当“肃立”是针对一般情况，因肢体残疾、瘫痪等特殊情况不能站立，不能强求。但残疾人奏唱国歌时，应当遵守第七条其他规定，做到举止庄重，特别是不得有不尊重国歌的行为。不尊重国歌的行为是指为了奏唱国歌的仪式感和庄重感，在国歌奏唱过程中，不得有交语、击节、走动或者鼓掌，嘘国歌、发出怪异声音、出现不雅动作，接打电话或者从事其他无关行为。

国歌不同于一般歌曲，是国家的象征和标志，涉及国家的尊严。我国《宪法》规定，中华人民共和国公民有维护祖国的安全、荣誉和利益的义务，不得有危害祖国的安全、荣誉和利益的行为。《国歌法》第三条第二款也规定，一切公民和组织，都应当尊重国歌，维护国歌的尊严。因此，学唱国歌、会唱国歌，采用适宜的形式奏唱国歌，遵守国歌奏唱的礼仪规范，是履行公民义务、维护国家尊严的应有之意。

（一）关于不同人群奏唱国歌的礼仪

《国歌法》第七条规定奏唱国歌的礼仪比较原则，实践中军人、警察、少先队员在升国旗、奏唱国歌时都行举手礼。国歌法草案中曾作出规定，也有一些人建议对此明确规定，但最终通过的国歌法未将其纳入，主要有以下考虑：一是升国旗、奏唱国歌时的礼仪实际上是属于国歌法的内容，国旗法草案对此作出了规定，不在国歌法中作出规定是可以的。二是曾作出过规定，但是各方面对此分歧较大。首先，关于军人行礼。军人奏国歌时行举手礼也仅是一般情况，在军人持武器等情况下，须行注目礼，该内容在《中国人民解放军内务条令》中也进行了规定，国歌法如果只是概括地规定行举手礼，显得不全面。其次，关于警察等着制服人员行礼问题。实践中部分着制服的人员，如警察、海关工作人员等行举手礼，城管、工商行政人员等不行举手礼，情况较为复杂，不适宜统一规定。三是当前第七条规定了要肃立，举止庄重，比较原则，对于各类人员都适宜。

（二）未遵守国歌奏唱礼仪是否会承担责任

礼仪的养成需要“教化”而非“惩罚”。在天安门广场举行升国旗奏唱国歌时，有许多群众尽管庄严肃穆，但仍然举着手机、相机进行拍照、录像，与国歌法草案第六条规定的“在场人员应当肃立，举止庄重”的要求仍有差距。但是，考虑到各地群众到天安门观看升旗仪式是人生中难得的经历，希望用手机、相机记录下这一宝贵时刻，也是可以理解的。这也是国歌法规定中小学要教育学生遵守国歌奏唱礼仪、新闻媒体应当普及国歌奏唱礼仪知识的原因。国歌法出台后，全社会都应加大宣传和普及国歌奏唱的礼仪知识，培育公民养成奏唱国歌的庄严感和仪式感，在全社会形成尊崇国歌、热爱国歌的良好社会氛围。

国歌法并未规定未遵守奏唱礼仪要承担法律责任，但是如果在公共场合奏唱国歌时，不仅不遵守奏唱礼仪，还存在本法第十五条规定的违法行为的，即“在公共场合，故意篡改国歌歌词、曲谱，以歪曲、贬损方式奏唱国歌，或者以其他方式侮辱国歌的”，将由公安机关处以警告或者十五日以下拘留；构成犯罪的，还要依法追究刑事责任。

相关规定

《中共中央办公厅、国务院办公厅关于规范国歌奏唱礼仪的实施意见》；《中华人民共和国国旗法》第十三条

第八条 国歌不得用于或者变相用于商标、商业广告，不得在私人丧事活动等不适宜的场合使用，不得作为公共场所的背景音乐等。

条文主旨

本条是关于不得使用国歌的场合和情形的规定。

立法背景

本法第五条虽然明确规定，国家鼓励公民和组织在适宜的场合奏唱国歌，表达爱国情感，但是国歌作为国家的象征和标志，在某些不适宜的场合使用，会对国家的尊严和形象造成负面影响，应当被禁止。《国旗法》《国徽法》都对不得使用的场合作了明确规定。《国旗法》第十八条规定："国旗及其图案不得用作商标和广告，不得用于私人丧事活动。"《国徽法》第十条规定："国徽及其图案不得用于：（一）商标、广告；（二）日常生活的陈设布置；（三）私人庆吊活动；（四）国务院办公厅规定不得使用国徽及其图案的其他场合。"此外，《中共中央办公厅、国务院办公厅关于规范国歌奏唱礼仪的实施意见》（中办发〔2014〕66号），对国歌的奏唱场合、奏唱礼仪和宣传教育提出了明确要求。其中规定："私人婚丧庆悼，舞会、联谊会等娱乐活动，商业活动，非政治性节庆活动，其他在活动性质或者气氛上不适宜的场合，不得奏唱国歌。"国外也有一些类似的立法规定。例如，菲律宾法律规定，不得以消遣、娱乐的目的奏唱、使用国歌。美国马萨诸塞州法律规定，国歌不得作为舞曲或者其他歌曲的一部分。

条文解读

本法结合相关法律规定和实践做法，同时考虑规范与鼓励相结合的立法宗旨，不宜将禁止奏唱国家的场合规定过宽，影响公民通过奏唱国歌表达爱国情感，最终确定了三类场合和情形。

第一，不得用于或者变相用于商标、商业广告。《商标法》第十条第一项规定，“同中华人民共和国的国家名称、国旗、国徽、国歌、军旗、军徽、军歌、勋章等相同或者近似的，以及同中央国家机关的名称、标志、所在地特定地点的名称或者标志性建筑物的名称、图形相同的”标志不得作为商标使用。《广告法》第九条第一项也规定，广告不得使用或者变相使用中华人民共和国的国旗、国歌、国徽，军旗、军歌、军徽。在起草过程中，国歌法草案曾规定国歌不得用于广告，但因一些意见提出，商业广告应当禁止使用国歌，但是公益广告不宜禁止。作为广告主管部门的国家工商行政管理总局也提出，《广告法》第九条规范的情形主要是指商业广告，公益广告应当允许使用国歌。因此，本法与国旗法、国徽法规定相比，进一步明确了国歌不得用于或者变相用于商业广告。

第二，不得在私人丧事活动使用。国歌是国家的象征和标志，私人丧事活动唱国歌是不适宜的，《国旗法》规定“私人丧事活动”禁止使用国旗及其图案，《国徽法》也规定了“私人庆吊”活动，不得使用国徽及其图案，三个涉及国家标志的法律就“私人丧事”活动不得使用的规定是一致的。此外，在一些严重有损国家尊严或者国家形象的场合或者是开展违法经营活动的场合使用国歌，也是极为不适宜的，都属于本条规定的“不适宜的场合”。

第三，不得作为公共场所的背景音乐等。《义勇军进行曲》被定为国歌后，它就不再是一首普通的音乐作品，它的特殊性也体现在国歌在公权力范围内使用，如在公开场合使用国歌，涉及著作权的一些民事权利要受到一定的限制和制约。《著作权法》

规定，著作权人享有向公众传播作品的广播权，而本条规定国歌“不得作为公共场所的背景音乐”，之所以作此规定，主要考虑不是所有的公共场所都适宜奏唱国歌，特别是在一些商场、酒店、娱乐场所作为背景音乐播放，与国歌本身作为国家象征和标志的地位不相符合，也不利于维护国歌的庄严形象。本法第八条中出现了两个“等”字，主要是防止实践中出现而目前列举不尽的禁止使用的情形和禁止奏唱的场合。在起草审议过程中，有人提出应当禁止将国歌作为游戏游艺设施的背景音乐，但由于未找到此种情况的实例，国歌法并未明确列出，但如果出现这种情况，可包括在本条规定的“等”中。

《中共中央办公厅、国务院办公厅关于规范国歌奏唱礼仪的实施意见》（中办发〔2014〕66号）规定，私人婚丧庆悼，不得奏唱国歌，比国歌法的规定要宽泛。国歌法起草审议过程中，有的意见提出，不要限制过多，有关机关组织的集体婚礼，奏唱国歌也有利于从爱小家升华为爱国家，因此不必一律禁止。也有的建议禁止电话、电脑、彩信、网页等提示音使用国歌，考虑到实践中这种情况并不多见，有的网页可能是宣传国歌的内容，如果完全禁止使用也不合适，禁止公民下载国歌作为电子设备的提示音，在执法上也不好操作，因此国歌法均未明确禁止。

相关规定

《中华人民共和国商标法》第十条；《中华人民共和国广告法》第九条；《中共中央办公厅、国务院办公厅关于规范国歌奏唱礼仪的实施意见》

第九条 外交活动中奏唱国歌的场合和礼仪，由外交部规定。

军队奏唱国歌的场合和礼仪，由中央军事委员会规定。

条文主旨

本条是就外交活动中或者军队奏唱国歌的场合和礼仪对外交部和中央军事委员会作出的授权性规定。

条文解读

一、外交活动中奏唱国歌

目前，我国外交活动中使用国歌的场合主要有：（一）我国国家主席和国务院总理，分别为来华进行国事和正式访问的外国元首和政府首脑举行欢迎仪式时，演奏我国国歌和来访国国歌。（二）我国国家主席和国务院总理对外国进行国事访问和正式访问期间，外国国家元首和政府首脑在举行欢迎仪式时，演奏我国国歌和往访国国歌。（三）我国领导人出访或者外国领导人访华期间，两国领导人共同出席的两国或者多边会议中的国家级大型活动，演奏我国国歌和另一国家国歌。如 2013 年 3 月，习近平主席访问俄罗斯期间，同俄总统普京在莫斯科克里姆林宫共同出席俄罗斯“中国旅游年”开幕式，现场奏中俄两国国歌。（四）驻外使领馆每年举行的国庆招待会奏唱国歌。《中共中央办公厅、国务院办公厅关于规范国歌奏唱礼仪的实施意见》（中办发〔2014〕66 号）对外事活动中国歌奏唱礼仪作了简单要求，其中规定：除遵守一般要求外，着装应当符合外事活动要求；遇接待国宾仪式或者国际性集会时，可以连奏有关国家国歌或者有关国际组织会歌。在外交活动中奏唱国歌，是外交礼仪的重要组成部分，是国家行为，事关国家领导人形象、国家与民族的尊严。正是由于外交活动的重要性和外交礼仪的特殊性，本条第一款赋权外交部可以对外交活动中奏唱国歌的场合和礼仪作出专门规定。

二、军队奏唱国歌

在军队奏唱国歌、军歌是进行思想政治教育的重要抓手，以增强人民解放军广大官兵的使命感、神圣感、礼敬感，鼓舞纪律部队的士气。同时，军队在执行外事活动时，也严格按要求组织国歌军歌奏唱，充分展示中国军队的良好形象。《中国人民解放军队列条令》《中国人民解放军内务条令》《军队奖励和表彰管理规定》《中国人民解放军海军舰艇条令》等对国歌奏唱的场合、时机、程序、礼节、宣传教育等均作了规定。《中国人民解放军队列条令》第十七条、第六十六条和第六十八条规定，军人在奏唱国歌等严肃庄重的时机和场合，应当立正；晋升（授予）军衔仪式、组织纪念仪式，须奏唱国歌。《中国人民解放军内务条令》第二十章对国旗、军旗、军徽的使用和国歌、军歌的奏唱作了专章规定。其中第四百零二条规定，国歌可以于军队举办的庆典和重要集会；军队领导人主持的外事活动和军队主办的重大国际性集会；升挂国旗时或者其他需要奏唱国歌的时机、场合奏唱。第四百零三条规定，军人奏唱国歌时，必须庄重热情，严肃认真。集会奏唱时，其礼节按照本条令第八十四条的规定执行。第八十四条规定，奏唱国歌时，应当自行立正；着军服参加外事活动，听到奏国歌时行举手礼。鉴于军队奏唱国歌的场合和礼仪有其特殊性，本条第二款赋权中央军事委员可以对军队奏唱国歌的场合和礼仪作专门规定。

相关规定

《中国人民解放军队列条令》；《中国人民解放军内务条令》；《军队奖励和表彰管理规定》；《中国人民解放军海军舰艇条令》

第十条　在本法第四条规定的场合奏唱国歌，应当使用国歌标准演奏曲谱或者国歌官方录音版本。

外交部及驻外外交机构应当向有关国家外交部门和有关国际组织提供国歌标准演奏曲谱和国歌官方录音版本，供外交活动中使用。

国务院体育行政部门应当向有关国际体育组织和赛会主办方提供国歌标准演奏曲谱和国歌官方录音版本，供国际体育赛会使用。

国歌标准演奏曲谱、国歌官方录音版本由国务院确定的部门组织审定、录制，并在中国人大网和中国政府网上发布。

条文主旨

本条是关于国歌标准演奏曲谱、国歌官方录音版本的审定、录制、发布与使用的规定。

立法背景

一、关于演奏曲谱、录音版本

演奏曲谱是指用于器乐演奏的音乐文本。本法附件中的国歌旋律曲谱虽然可适用于多种演唱或演奏形式，但对于乐队合奏来说，因旋律曲谱没有声部分配，乐队仅能采用齐奏的形式演奏同一个旋律，不能充分发挥乐队合奏的表现力，音乐色彩不丰富、音响缺乏层次感。为达到更佳的艺术效果，需由专业的音乐人士对旋律曲谱进行专业的编配（运用和声与配器手法），以形成适用于不同器乐合奏形式的演奏曲谱。

不同的乐队组合使用的演奏曲谱不同，已见的国歌演奏曲谱有管乐队曲谱、管弦乐队曲谱和钢琴谱。管乐队是由木管乐器（如短笛、长笛、单簧管等）、铜管乐器（如短号、长号、圆号等）和打击乐器（如定音鼓、小鼓、大鼓等）组成的吹奏乐队，泛指军队中的军乐队或同一类型的管乐队。管弦乐队是由各种管弦乐器为主组成的规模庞大的乐队，包括弦乐器（如小提琴、中提琴、大提琴等）、木管乐器、铜管乐器和打击乐器。钢琴谱是用于钢琴演奏的曲谱。针对乐队中不同的使用者，曲谱又可分为总谱和分谱。一般来说，总谱供乐队指挥排练和演出时使用，分谱供各声部乐手排练与演出时使用。

录音是指将任何凭听觉可感知的声音信号记录在媒质上的过程。录音形成的音频资料可记录在一定的载体上，通常包括唱片、磁带、激光唱盘等，也可通过信息网络传播，供人们下载使用。

二、历史上的国歌演奏曲谱、录音版本

1935 年 4 月到 5 月间，在聂耳完成《义勇军进行曲》作曲后，作曲家贺绿汀负责为该曲配器，他邀请俄国作曲家阿龙·阿甫夏洛莫夫为该曲配器，形成了可供管弦乐队演奏的曲谱。1949 年确定《义勇军进行曲》为代国歌时，《人民日报》公布的是旋律曲谱，当时并没有标准的演奏曲谱。1949 年 9 月 30 日，联合军乐团总指挥、作曲家罗浪为军乐队临时编配了管乐谱。在开国大典上，罗浪用这个谱子指挥乐队演奏了《义勇军进行曲》。1950 年，作曲家姚锦新也曾编配过管乐谱，之后的几年在重大仪式中演奏的就是这一管乐谱。

1953 年万叶书店（人民音乐出版社前身）出版的《进行曲》中收录了《义勇军进行曲》的曲谱。1953 年之前，国歌没有标准的管弦乐队总谱。这一年，中央提出，要组织作曲家为国歌编配标准的管弦乐队总谱。中国音乐家协会和中央人民广播电台联合承办征集、评定工作。1954 年选用了作曲家李焕之编配的管弦乐队总谱。同时，李焕之还根据这一总谱，编配了钢琴谱。之后，时任解放军军乐团指挥程义明根据李焕之的管弦乐配器移植为管乐队总谱。1959 年 9 月、10 月，音乐出版社（人民音乐出版社前称）正式出版了李焕之的管弦乐总谱和程义明的管乐总谱。这两个版本作为当时标定的国歌乐队总谱发送到世界各国。同年，中国唱片社为军乐团用管乐演奏的国歌录制了唱片，为中央乐团用管弦乐演奏和齐唱的国歌分别录制了唱片。

1978 年五届全国人大一次会议通过《关于中华人民共和国国歌的决定》，更改了田汉原作的歌词，曲谱也作了三处改动，改词后的国歌由作曲家李延生重新配器。同年 3 月和 5 月，人民音乐出版社先后出版了集体填词版管乐总谱、管弦乐总本、简谱、钢琴伴奏谱配唱片四个版本。

1982 年五届全国人大五次会议决定恢复《义勇军进行曲》为中华人民共和国国歌后，中国唱片社为中央乐团的齐唱和管弦乐演奏的国歌录制了唱片。1983 年 2 月，人民音乐出版社再版了国歌管弦乐总谱（1959年10月版）、管乐总谱（1959年9月版）、简谱本、钢琴伴奏谱（配有英文、法文、俄文、德文等外文歌词）。

2004年3月14日，十届全国人大二次会议通过的《宪法修正案》正式赋予国歌以宪法地位。同年5月，人民音乐出版社出版的国歌单行本作为标准版本发到全国人大代表手中。

在国歌法起草和审议过程中，许多部门和音乐家提出，新中国成立以来，我国正式出版的国歌曲谱有几十种，却没有明确统一的标准曲谱，奏唱国歌的速度、力度、表情记号等均没有统一要求。1982年虽然恢复了国歌原词，但1978年的曲谱仍在使用。在学校、机关、展览馆等场所，在国家级乐队演奏的音乐会、重要集会活动，在公开发行的出版物上，经常会看到、听到有明显错误的《义勇军进行曲》曲谱和旋律。有的人提出，国歌的配器很重要，在升国旗仪式上出现过用架子鼓演奏国歌的情况，很不严肃。有的人提出，我国领导人出访时，出现过东道国乐队在欢迎仪式等活动现场演奏我国国歌不标准的情况，有的外国乐队使用了错误的曲谱，有的配器不能展现国歌的庄严形象。同时存在我驻外外交机构、涉外活动主办单位举行重大活动奏唱国歌采用的版本不一、奏唱效果参差不齐的问题。大家一致认为，为了维护国歌的尊严，应当由国家审定国歌标准演奏曲谱，录制国歌官方录音版本，并以一定形式发布。

条文解读

本条第四款规定，国歌标准演奏曲谱、国歌官方录音版本由国务院确定的部门组织审定、录制，并在中国人大网和中国政府网上发布。所谓国歌标准演奏曲谱，特指为在正式场合规范国歌演奏，维护国歌的尊严，由国务院确定的部门组织审定的、专门编配用于器乐演奏的国歌曲谱。根据实际需要，“国歌标准演奏曲谱”应包括管乐队曲谱、管弦乐队曲谱和钢琴谱等。所谓“国歌官方录音版本”，特指由国务院确定的部门组织录制国歌的音频资料。“官方录音版本”应当包括演奏版本（无人声）、演唱版本（有人声），演奏版本也可以包括管乐、管弦乐等演奏的国歌录音版本。

中国人大网是全国人大常委会刊载法律的官方网站，中国政府网是国务院的官方网站，是中国政府官方发布信息及开展服务的平台。因此，本条还规定，国歌标准演奏曲谱、国歌官方录音版本应当在中国人大网和中国政府网上发布。

一、国歌标准演奏曲谱、国歌官方录音版本在本法第四条规定的场合使用

本法第四条规定了应当奏唱国歌的九类场合，包括全国人民代表大会会议和地方各级人民代表大会会议的开幕、闭幕；中国人民政治协商会议全国委员会会议和地方各级委员会会议的开幕、闭幕；各政党、各人民团体的各级代表大会等；宪法宣誓仪式；升国旗仪式；各级机关举行或者组织的重大庆典、表彰、纪念仪式等；国家公祭仪式；重大外交活动；重大体育赛事；其他应当奏唱国歌的场合。这些场合属于比较重大的正式场合，根据本条第一款的规定，在这些场合奏唱国歌，应当使用国歌标准演奏曲谱或者国歌官方录音版本。

考虑到各地经济社会文化发展存在差异，“一刀切”地要求在本法第四条规定的应当奏唱的场合一定要有专业的乐队演奏或者伴奏是不现实的。如果在这些场合奏唱有乐队现场演奏条件的，应当使用国歌标准演奏曲谱进行演奏；如果没有乐队现场演奏，有播放伴奏录音设备的，也可以使用国歌官方录音版本。当然，在特殊情况下，如果上述条件都不具备，像电影《凤凰琴》描述的情节：边远的山村小学破旧的教室前一个很小的操场上举行的升国旗仪式，只有笛子、口琴吹奏着国歌，同样表达爱国情感。如果某种单一乐器没有审定的标准演奏曲谱，可以按照本法附件所载的旋律曲谱进行演奏。在第四条规定以外的其他场合奏唱国歌，是否也要使用标准演奏曲谱和官方录音版本，本法没有作硬性规定。鉴于标准演奏曲谱和官方录音版本的权威和准确性，在有条件的情况下应当使用。

二、国歌标准演奏曲谱、国歌官方录音版本在外交活动中使用

在外交活动中奏唱国歌，是外交礼仪的重要组成部分，事关国家的形象与民族的尊严。根据外交惯例，我国国家主席和国务院总理对外国进行国事访问和正式访问期间，外国国家元首和政府首脑举行的欢迎仪式上会演奏我国国歌和往访国国歌；在我国领导人出访期间两国领导人共同出席的两国或者多边会议中的国家级大型活动，也会演奏我国国歌和另一国家国歌。正是由于外交活动的重要性和外交礼仪的特殊性，为了维护国家尊严，本条第二款规定，外交部及驻外外交机构应当向有关国家外交部门和有关国际组织提供国歌标准演奏曲谱和国歌官方录音版本，供外交活动中使用。驻外外交机构，包括中华人民共和国驻外国的使馆、领馆以及常驻联合国等政府间国际组织的代表团等代表机构。

三、国歌标准演奏曲谱、国歌官方录音版本国际体育赛会使用

根据国际体育组织规则，唱国歌是体育比赛开幕式、闭幕式、颁奖中的重要仪式，奏唱国歌往往与升国旗同时进行。升国旗、奏国歌时，要求运动员、教练员、裁判员及现场观众全体起立，面向国旗行注目礼。从实践看，国际体育赛事中，一般均播放获得冠军运动员所属国的国歌录音。我国《体育法》专门规定，对外体育交往要坚持独立自主、平等互利、相互尊重的原则，维护国家主权和尊严。为此，本条第三款规定，国务院体育行政部门应当向有关国际体育组织和赛会主办方提供国歌标准演奏曲谱和国歌官方录音版本，供国际体育赛会使用。

相关规定

《中华人民共和国国歌法》第四条、第六条、第十条

第十一条　国歌纳入中小学教育。

中小学应当将国歌作为爱国主义教育的重要内容，组织学生学唱国歌，教育学生了解国歌的历史和精神内涵、遵守国歌奏唱礼仪。

条文主旨

本条是关于国歌教育的规定。

立法背景

国歌《义勇军进行曲》蕴含着丰富的爱国主义精神和社会主义核心价值观，倾注着中华民族争取祖国独立、繁荣、富强的炽

热感情，塑造了勤劳、勇敢、智慧的中国人民形象，是动员全国人民进行伟大革命的号角。在战争年代，国歌激励着亿万同胞团结一致，不怕流血牺牲、前赴后继，为挽救祖国的危亡而斗争；在和平年代，国歌也能够激发人们的爱国热忱，继承发扬不怕艰难困苦、万众一心的爱国主义和革命英雄主义精神。通过在中小学开展国歌教育，可以用国歌的感染力唤起中小学生对国家的热爱及民族的自豪感，雄壮有力的国歌声可以使他们联想到革命者抛头颅、洒热血，前赴后继、勇往直前的革命岁月，在潜移默化中继承和弘扬爱国主义精神，培育和践行社会主义核心价值观。

条文解读

一、国歌纳入中小学教育

国歌必须纳入中小学教育是本法第一条立法目的中规定的“弘扬爱国主义精神，培育和践行社会主义核心价值观”的具体体现。

我国一直高度重视国歌在中小学爱国主义教育和核心价值观教育中的重要作用。1984 年 8 月中共中央宣传部印发的《关于中华人民共和国国歌奏唱的暂行办法》就明确规定“小学要将教唱国歌列入课程，应根据歌词的内容对学生进行爱国主义教育。从歌中体会中华民族苦难深重的历史和中华先烈不屈的战斗精神，从而激发民族责任感，从小树立为祖国奋斗、献身的坚定信念”。1994 年中共中央印发的《爱国主义教育实施纲要》将国歌教育作为爱国主义教育的重要组成部分，明确规定成年公民和小学三年以上学生都应当会唱国歌，并能理解国歌的内容和国旗、国徽的涵义。1996 年国家教育委员会《关于要求各级各类学校在重要场合奏唱国歌的通知》，对中小学开展国歌教育作出具体部署，要求“学唱国歌要从小学抓起，做到小学三年级（含三年级）以上学生都会唱国歌，逐步达到唱准、唱熟、唱好国歌。有条件的学校，可组织师生乐团（队），练奏国歌”。2004 年《中共中央宣传部、教育部关于印发〈中小学开展弘扬和培育民族精神教育实施纲要〉的通知》进一步强调，“全体中小学生都应会唱国歌”。2014 年《中共中央办公厅、国务院办公厅关于规范国歌奏唱礼仪的实施意见》中明确提出，“国歌凝结着中国共产党领导人民争取民族独立、人民解放和实现国家富强、人民富裕的全部奋斗，是鼓舞人民奋勇前进的强劲旋律，是进行爱国主义教育的鲜活教材。热爱、尊重国歌，学唱、传唱国歌，规范、普及国歌奏唱礼仪，对于激发人们爱国报国情感、培育和践行社会主义核心价值观，具有重要作用。”该实施意见还对学校开展国歌教育作出专门规定，明确要求“小学、幼儿园要组织学生学唱国歌”。

需要注意的是，本条规定虽然只规定了国歌教育要纳入中小学教育，但并不意味着其他各级各类学校不需要开展国歌教育，各级各类学校都要根据不同年龄段学生的特点，通过欣赏、学习、奏唱国歌开展各种形式的爱国主义教育和核心价值观教育。1996 年《国家教育委员会关于要求各级各类学校在重要场合奏唱国歌的通知》明确要求，“各级各类学校要通过马克思主义理论课、思想品德课和思想政治课以及其他有关课程让学生了解国歌的基本内容，理解国歌歌词的含义，了解《义勇军进行曲》激励无数中华儿女为中华民族的解放事业浴血奋战、勇往直前，为祖国的社会主义建设事业艰苦创业、忘我奋斗的巨大作用，深刻理解今天提倡重要场合奏唱国歌的现实意义。要通过音乐课或党团组织生活、课外活动等时间，组织师生学唱国歌。”2014 年《中共中央办公厅、国务院办公厅关于规范国歌奏唱礼仪的实施意见》中也明确要求，“各类学校要将国歌歌词和曲谱作为教育教学的重要内容。”

国歌纳入中小学教育主要在于：一方面，中小学阶段是价值观形成阶段，是可塑性最强的时期，在这一阶段开展国歌教育，有利于帮助中小学生形成正确的人生观、价值观；另一方面，从音乐教学的角度来说，中小学比较适合教唱国歌。学唱《义勇军进行曲》有一定的难度，尤其是三连音需要较高的歌唱技巧，对于年龄较小的孩子比较困难，小学三年级以上才比较适合学唱国歌。因此，本法明确中小学要开展国歌教育。而对于学龄前儿童来说，应当主要以欣赏国歌为主。对于大学生来说，由于在中小学阶段已经开展了广泛的国歌教育，不宜过于突出国歌教育，而应当通过组织升国旗、唱国歌等爱国主义教育实践活动，将国歌教育融入整个爱国主义教育活动当中。

二、中小学开展国歌教育的内容

中小学开展国歌教育不仅是要让中小学生学唱国歌，更重要的是要通过国歌教育弘扬爱国主义精神，培育和践行社会主义核心价值观。因此，本条第二款对国歌教育的具体内容作了明确规定。

首先，中小学开展的国歌教育，要明确国歌是爱国主义教育的重要内容。因此，不能仅仅将国歌教育作为音乐课的内容，而应当将国歌教育作为爱国主义教育和社会主义核心价值观教育的重要内容。2014 年《中共中央办公厅、国务院办公厅关于规范国歌奏唱礼仪的实施意见》中就明确提出，“国歌凝结着中国共产党领导人民争取民族独立、人民解放和实现国家富强、人民富裕的全部奋斗，是鼓舞人民奋勇前进的强劲旋律，是进行爱国主义教育的鲜活教材。热爱、尊重国歌，学唱、传唱国歌，规范、普及国歌奏唱礼仪，对于激发人们爱国报国情感、培育和践行社会主义核心价值观，具有重要作用。”因此，国歌教育应当突破一般音乐课侧重于音乐知识和技能的传授，探索通过不同学科之间的有机整合，将音乐教育与爱国主义教育、社会主义价值观教育有效融合，充分发挥音乐的感染力，以智启德、以乐启德，引导社会主义核心价值观的种子在学生心中生根发芽。历史课、思想品德课等其他有关课程，也可以探索通过国歌的历史，让学生更深刻地理解中华民族革命和建设的艰辛历程。在学校组织的升旗仪式、课外活动等各类教育实践活动中，应当通过奏唱国歌，激发学生民族自豪感和责任感。

其次，组织学生学唱国歌是国歌教育的基础。如果对国歌曲谱歌词不熟悉，不能唱好唱响国歌，也就谈不上国歌教育。中小学应当将学唱国歌列为中小学生必修课，列入教育考核内容；要对音乐教师教唱国歌进行培训，使每位音乐教师不仅教授国歌的演唱技巧，更要明晓如何通过教唱国歌开展爱国主义教育。在组织学生学唱国歌时，应当通过欣赏国歌，让学生知道应该用什么样的态度来对待国歌，用什么样的情感进行演唱；应当要求学生有感情地朗诵歌词和识记歌词，掌握歌曲雄壮、有力的情绪，并去理解、体会、表现；要通过分析旋律、节奏特点，让学生感受乐曲中号角式音调的力量，进而启发学生想到我们的国家和民族在雄壮的乐曲声中，正以无比坚定的步伐阔步前进。通过学唱国歌，使学生们不仅受到音乐的熏陶，而且也受到一次深刻的爱国主义教育。

最后，国歌教育要让中小学生充分了解国歌历史，把握国歌的精神内涵。中小学应当通过音乐课、历史课等不同的课程详细介绍国歌的历史和精神内涵，让中小学生充分了解国歌创作的时代背景、国歌的由来、国歌词曲作者以及国歌歌词曲谱的内涵。要让中小学生了解《义勇军进行曲》诞生于日本帝国主义加紧侵略中国，中华民族正处在生死存亡关头。1934 年春，田汉决定写一部以抗日救亡为主题的电影《风云儿女》，他刚完成故事梗概和主题歌歌词就被逮捕入狱，作曲家聂耳主动要求为主题歌谱曲。1935 年聂耳完成曲谱定稿，这是聂耳的最后一部作品。随着电影《风云儿女》的上映，主题曲《义勇军进行曲》以雄壮激昂的旋律和排山倒海的气势，凝聚着中华儿女"不做亡国奴"的怒吼，表现了中华民族团结抗战的坚强意识和不屈不挠的战斗精神，很快在全国传唱起来，极大地鼓舞了全国人民的抗战热情。1949 年 9 月中国人民政治协商会议第一届全体会议通过了《关于中华人民共和国国都、纪年、国歌、国旗的决议》，其中之三规定："在中华人民共和国国歌未正式制定前，以《义勇军进行曲》为国歌。" 2004 年 3 月 14 日第十届全国人民代表大会第二次会议通过《宪法修正案》，正式将《义勇军进行曲》作为国歌写入《中华人民共和国宪法》。至此，代表新中国的中华人民共和国国歌产生，它在新的历史条件下继续鼓舞全国各族人民不断前进，建设一个繁荣富强的新中国。

要通过给中小学生讲述国歌的故事，引导学生从历史中去感悟国歌所蕴含的深刻的思想内涵与伟大的民族精神。一是危机意识。国歌唱出的"中华民族到了最危险的时候"，透露出来的强烈的危机意识和忧患意识。一个国家，一个民族，不懂得居安思危，未雨绸缪，就会迟早出现危机。即使在中华民族伟大复兴曙光的今天，也决不能盲目乐观，必须继续保持强烈的危机意识和忧患意识，让“中华民族到了最危险的时候”始终回响在心中。二是团结精神。在抗日战争的艰苦岁月，国歌发出了“我们万众一心”的呼声，激发了人民团结抗战的坚定决心。在中国实力日益增强的今天，我们仍然要在中国共产党的领导下，继续高举民族团结、祖国统一的大旗，“万众一心”。三是战斗精神。国歌用接连三个“起来”，呼唤全国人民动员起来、行动起来，投入战斗。在新的历史时期，我们依然面临着诸多的问题、困难与挑战，我们更要发扬战斗精神，不畏艰难，行动起来。四是献身精神。一个国家到了“最危险的时候”，一个民族被迫发出“最后的吼声”的时候，不仅需要团结，需要行动，更需要献身，需要牺牲，我们只能“用我们的血肉筑成我们新的长城”，“冒着敌人的炮火前进”。虽然现在已经进入和平建设年代，但是仍然需要为国家、为民族英勇奋斗的献身精神。

另外，国歌教育要让中小学生了解国歌奏唱礼仪，自觉遵守国歌奏唱礼仪。通过国歌教育，要使学生明白作为一个中国的公民，每当听到我们的国歌奏响时，态度要庄严、肃穆；培养中小学生对国歌深厚的感情，自觉遵守国歌奏唱礼仪，表达对国家的尊重和自豪。奏唱国歌时，中小学生应当按照本法的规定，肃立，举止庄重，不得有不尊重国歌的行为。同时，除遵守一般要求外，少先队员应当行队礼。

相关规定

《中共中央宣传部关于中华人民共和国国歌奏唱的暂行办法》；《爱国主义教育实施纲要》；《国家教育委员会关于要求各级各类学校在重要场合奏唱国歌的通知》；《中共中央宣传部、教育部关于印发〈中小学开展弘扬和培育民族精神教育实施纲要〉的通知》；《中共中央办公厅、国务院办公厅关于规范国歌奏唱礼仪的实施意见》

第十二条　新闻媒体应当积极开展对国歌的宣传，普及国歌奏唱礼仪知识。

条文主旨

本条是对国歌宣传的规定。

立法背景

国歌是国家尊严和主权的重要标志之一。中华人民共和国国歌是中国人民用鲜血和生命谱写出来的。国歌凝结着中国共产党领导中国各族人民为争取民族独立、人民解放和实现国家富强、人民富裕不屈不挠、英勇奋斗的精神，凝聚着各族人民实现中华民族伟大复兴的梦想。加强国歌的宣传，普及国歌奏唱礼仪知识，有利于激发人们的爱国热忱，激发人们继承发扬不怕艰难困苦、不怕流血牺牲、万众一心、前赴后继的爱国主义和革命英雄主义精神，更能激发人们为建设社会主义的现代化强国奋发图强、忘我工作、勤奋学习的热情。

2014年《中共中央办公厅、国务院办公厅关于规范国歌奏唱礼仪的实施意见》（中办发〔2014〕66 号），对国歌的奏唱场合、奏唱礼仪和宣传教育提出了明确要求。此外，1988 年至 2001 年，中共中央先后发布《中共中央关于改革和加强中小学德育工作的通知》(1988 年 12 月 25 日)、《爱国主义教育实施纲要》（1994 年 8 月 23 日)、《中共中央关于进一步加强和改进学校德育工作的若干意见》（1994 年 8 月 31 日)、《中共中央关于加强社会主义精神文明建设若干重要问题的决议》（1996 年 10 月 10 日)、《中共中央关于公民道德建设实施纲要》(2001 年 9 月 20 日）等五个中央文件，将奏唱国歌作为对学生和公民进行思想政治教育、爱国主义教育和道德建设的要求。其中，《关于公民道德建设实施纲要》提出，“开展必要的礼仪、礼节、礼貌活动，对规范人们的言行举止，有着重要的作用。要提倡在重要场所和重大活动中升国旗、唱国歌，开展入队、入团、入党宣誓、成人仪式以及各种形式的重礼节、讲礼貌、告别不文明言行等活动，引导公民增强礼仪、礼节、礼貌意识，不断提高自身道德修养。”《爱国主义教育实施纲要》提出，“唱国歌是公民表达爱国情感的一种神圣行为，在升国旗仪式和大型集会等活动中，要奏国歌，而且要提倡齐唱国歌。奏、唱国歌时应庄严肃立。在国际体育比赛的颁奖仪式上，升中国国旗、奏中国国歌时，运动员要面向国旗肃立，唱国歌。成年公民和小学三年级以上学生都应当会唱国歌，并能理解国歌的内容和国旗、国徽的涵义。”《中共中央关于加强社会主义精神文明建设若干重要问题的决议》中提出，“运用大众传媒、书刊影视、艺术表演和课堂教学，运用重要纪念日、重大历史事件和重大社会活动，运用升国旗、唱国歌等仪式，大力弘扬爱国主义精神。”

在国歌法调研以及座谈会中，有的专家以及单位提出，当前国歌宣传教育需要进一步加强，我国公民特别是青少年，一些人不能准确唱好国歌，有的甚至不能完整地唱出国歌。由于对国歌产生的历史背景和国歌的精神内涵等宣传教育不够，有些人只注重国歌的旋律、歌词，忽略国歌蕴含丰富的历史价值和精神内涵。据调查显示，2012 年某所大学在一次统考中要求写出国歌曲作者和歌词，答对者仅三分之一。在某市一份小学生问卷上，竟填写着“《义勇军进行曲》作词：毛泽东，作曲：贝多芬”。因此，各种新闻媒体应当运用多种宣传方式，积极开展国歌的宣传教育。在我国，新闻、出版、广播、电影、电视等单位以及新兴媒体是向广大人民群众宣传党和国家各项方针政策、法律法规，传播社会主流价值的主渠道。鉴于新闻媒体在宣传教育中具有重要的作用和广泛的影响，为了进一步加强国歌的宣传，本法对新闻媒体应当积极开展对国歌的宣传作了规定。

条文解读

2014 年 12 月《中共中央办公厅、国务院办公厅关于规范国歌奏唱礼仪的实施意见》（中办发〔2014〕66 号），对国歌宣传提出了明确要求。（1）普及国歌内容。各类新闻媒体和宣传文化阵地要加大国歌内容的宣传力度，从历史和现实的结合上解读国歌的深刻内涵和蕴含的精神，使人们理解国歌、记住国歌、唱好国歌。（2）普及国歌奏唱礼仪知识。要综合运用多种方式进行国歌奏唱礼仪宣传普及，使人们知晓国歌适宜奏唱的场合和应当遵守的礼仪规范。因此，新闻媒体积极开展国歌的宣传，不仅加强对国歌内容以及国歌的深刻内涵和蕴含精神的宣传，还要普及国歌奏唱礼仪知识。

第十三条　国庆节、国际劳动节等重要的国家法定节日、纪念日，中央和省、自治区、直辖市的广播电台、电视台应当按照国务院广播电视主管部门规定的时点播放国歌。

条文主旨

本条是对国歌播放的规定。

条文解读

一、国家法定节日、纪念日

我国法律设立的节日、纪念日共十三个，如国庆节、烈士纪念日等。国务院制定的行政法规《全国年节及纪念日放假办法》第二条规定了全体公民放假的节日：新年，放假一天（1月1日）；春节，放假三天（农历正月初一、初二、初三）；清明节，放假一天（农历清明当日）；劳动节，放假一天（5月1日）；端午节，放假一天（农历端午当日）；中秋节，放假一天（农历中秋当日）；国庆节，放假三天（10月1日、2日、3日）。第三条规定了部分公民放假的节日及纪念日：妇女节（3月8日），妇女放假半天；青年节（5月4日），十四周岁以上的青年放假半天；儿童节（6月1日），不满十四周岁的少年儿童放假一天；中国人民解放军建军纪念日（8月1日），现役军人放假半天。第五条规定，二七纪念日、五卅纪念日、七七抗战纪念日、九三抗战胜利纪念日、九一八纪念日、教师节、护士节、记者节、植树节等其他节日、纪念日，均不放假。

由上可知，我国国家法定的节日、纪念日还是很多的。在征求意见过程中，有的意见提出，不同的节日、纪念日所承载的历史、文化内涵和民众的情感也是不同的。在如国庆节、中国人民抗日战争胜利纪念日这样的节日、纪念日播放国歌，毫无疑问是适宜的；但在一些节日、纪念日，如清明节、中秋节是否必须播放国歌，还是需要斟酌考虑的。本法只规定在国庆节、国际劳动节等重要的国家法定节日、纪念日应当播放国歌，没有要求天天播放，主要考虑重要的国家法定节日、纪念日具有集中传播社会主流价值的独特优势。在这些节日、纪念日播放国歌，有利于公众加深对国歌深刻内涵的理解，也有利于对国歌精神的传播。

二、中央和省、自治区、直辖市的广播电台、电视台应当按照国务院广播电视主管部门规定的时点播放国歌

在我国，广播电台、电视台是向广大人民群众宣传党和国家的各项方针、政策，传播社会主义精神文明，弘扬爱国主义精神和社会主义核心价值观的重要阵地。中央和省、自治区、直辖市的广播电台、电视台是党和国家的宣传工具，是密切联系广大人民群众的纽带和桥梁。中央和省、自治区、直辖市的广播电台、电视台在对人民群众进行宣传普及方面，比其他媒体更有权威性，负有更重要的责任。因此，虽然我国的广播电台、电视台有很多，本法仅对中央和省、自治区、直辖市的广播电台、电视台的播放作了规定，强调了中央和省、自治区、直辖市的广播电台、电视台在重要节日、纪念日播放国歌的责任。关于需要在哪些重要的节日、纪念日，具体在哪个时点播放，由国务院广播电视主管部门作出规定。

目前，我国中央电视台的一些频道每天都播放国歌。2017 年 9 月 29 日，国家新闻出版广电总局印发《关于学习宣传贯彻〈中华人民共和国国歌法〉的通知》明确提出，“在国庆节、国际劳动节等重要的国家法定节日、纪念日，中央人民广播电台、中央电视台，中国教育电视台，省、自治区、直辖市的广播电台、电视台，新疆生产建设兵团广播电视台，应当于北京时间上午 10 点整在其主频率、主频道播放国歌。中国国际广播电台应当在适当的时点依法播放国歌。广播电台、电视台播放国歌应当与前后节目相协调，维护国歌尊严”。

我国国歌体现了居安思危的思想，如每天播放国歌，教育广大人民群众时刻不忘幸福安定生活来之不易，更加热爱祖国，尊崇国歌也是有积极作用的。因此，这种每天都播放国歌的做法，是值得鼓励的，应该坚持。

第十四条　县级以上各级人民政府及其有关部门在各自职责范围内，对国歌的奏唱、播放和使用进行监督管理。

条文主旨

本条是对县级以上各级人民政府监督管理职责的规定。

条文解读

国歌是国家的象征和标志，代表着国家的主权和尊严，在维护国家统一与安定、增强公民的国家观念、弘扬爱国主义精神等方面起着重要作用。为了维护国歌的尊严、培育和践行社会主义核心价值观，本法不仅对应当奏唱国歌的场合、奏唱国歌的礼仪等提出了一系列规范要求，还严格规定了县级以上各级人民政府及其有关部门在各自职责范围内对国歌奏唱、播放和使用进行监督管理的职责。本条规定可以从以下两个方面加深理解：

一、关于监督管理的职责主体

根据《宪法》的规定，中华人民共和国国务院，即中央人民政府，是最高国家权力机关的执行机关，是最高国家行政机关。地方各级人民政府是地方各级国家权力机关的执行机关，是地方各级国家行政机关。我国地方人民政府一般分为省、县、乡三级，根据实际情况，每一级又有不同的名称和形态。因为我国实行民族区域自治制度，地方各级人民政府的行政区域既有普通的省（直辖市）、县、乡（镇），又有体现民族区域自治制度、作为民族自治地方的自治区、自治州、自治县，以及虽然不是民族自治地方但也不同于普通乡镇的民族乡。与其他国家不同，我国还坚持“一国两制”基本原则，设立了香港特别行政区、澳门特别行政区。香港特别行政区、澳门特别行政区基本法的附件三都已表明，《关于中华人民共和国国都、纪年、国歌、国旗的决议》属于可以在特别行政区实施的全国性法律。

此外，县级以上各级人民政府的有关部门按照各自职责范围，也是对国歌奏唱、播放和使用进行监督管理的职责主体。依据本法规定，外交活动中奏唱国歌的场合和礼仪，由外交部规定。作为国务院有关部门的外交部，制定好外交活动中奏唱国歌的场合和礼仪的相关办法，以及确保向有关国家外交部门和有关国际组织提供国歌标准演奏曲谱和国歌官方录音版本，就是其履行监督管理职责的重要内容。国务院体育行政部门的一项重要监督管理职责就是应当向有关国际体育组织和赛会主办方提供国歌标准演奏曲谱和国歌官方录音版本，供国际体育赛会使用。组织审定国歌标准演奏曲谱，并组织录制国歌官方录音版本的职责，由国务院确定的文化部门或者其他部门承担。此外，依据本法规定，县级以上各级人民政府教育行政部门，作为监督管理主体，有责任确保国歌列入中小学教材，确保中小学将国歌作为爱国主义教育的重要内容，组织学生学唱国歌等。县级以上各级人民政府新闻出版广电部门的一项重要监督管理职责就是，确保新闻媒体积极开展对国歌的宣传，普及国歌奏唱礼仪知识，确保国庆节、国际劳动节等国家法定节日、纪念日，中央和省、自治区、直辖市的广播电台、电视台按照规定时点播放国歌。有关部门的范围较为广泛，县级以上各级人民政府教育、文化、体育、公安、工商行政管理等有关部门以及军队有关部门，都是在各自职责范围内对国歌奏唱、播放和使用进行监督管理的责任主体。

二、关于监督管理的职责内容

县级以上各级人民政府及其有关部门在各自职责范围内对国歌奏唱、播放和使用进行监督管理的职责内容，共性之处主要表现在以下方面：

一是确保国歌奏唱的场合适当，在应当奏唱国歌的场合奏唱国歌，在应当禁止使用的场合禁止奏唱国歌。全国人民代表大会和地方各级人民代表大会会议、中国人民政治协商会议全国委员会和地方委员会会议的开幕、闭幕，各政党、各人民团体的代表大会或者全体会议，宪法宣誓仪式，升国旗仪式，各级机关举行或者组织的重大庆典、表彰、纪念仪式等，国家公祭仪式，重大外交活动，重大体育赛事以及其他应当奏唱国歌的场合，应当奏唱国歌。国歌不得用于或者变相用于商标、商业广告，不得在私人丧事活动等不适宜的场合使用，不得作为公共场所的背景音乐等。

二是确保国歌奏唱的礼仪合乎规范。奏唱国歌，应当按照本法所附国歌的歌词和曲谱，不得采取损害国歌尊严的奏唱形式。奏唱国歌时，在场人员应当肃立，举止庄重，不得有不尊重国歌的行为。外交活动中奏唱国歌的场合和礼仪，遵从外交部的规定。军队奏唱国歌的场合和礼仪，遵从中央军事委员会的规定。

三是各部门积极履行职责，加强国歌的宣传教育，鼓励公民和组织在适宜的场合奏唱国歌。同时，要积极维护国歌的尊严，依法惩处国歌违法行为。在公共场合，恶意修改国歌歌词，以歪曲、贬损方式奏唱国歌，或者以其他方式侮辱国歌的，由公安机关处以警告或者十五日以下拘留；构成犯罪的，依法追究刑事责任。

三、关于国歌在香港特别行政区、澳门特别行政区的实施情况

1997 年，香港回归后，制定了《国旗及国徽条例》，对本地区相关国旗、国徽的行为作出特别规定；1999 年，澳门回归后，制定了《国旗、国徽及国歌的使用与保护》，对本地区的相关国旗、国徽、国歌的行为作出特别规定。十二届全国人大常委会二十九次会议通过的《中华人民共和国国歌法》，属于有关国防、外交和其他按香港、澳门基本法规定不属于香港、澳门特别行政区自治范围的全国性法律，需要列入香港、澳门特别行政区基本法附件三。国歌法通过并颁布后，全国人大常委会办公厅依照法定程序征询了香港、澳门特别行政区基本法委员会和香港、澳门特别行政区政府的意见。香港、澳门特别行政区基本法委员会和香港、澳门特别行政区政府均认为，将国歌法列入香港、澳门特别行政区基本法附件三在香港、澳门特别行政区实施，符合香港、澳门特别行政区基本法的规定，是适当的。

四、全国人大常委会关于列入附件三的决定

按照香港、澳门特别行政区基本法及基本法附件三的规定，列于香港、澳门特别行政区基本法附件三的全国性法律，由香港、澳门特别行政区在当地公布或立法实施。其中，立法实施是指在香港、澳门特别行政区现有的法律制度下，为落实国歌法而作出符合香港、澳门实际情况的具体规定。国歌是宪法规定的国家象征和标志之一，维护国家的尊严，就是维护中华民族的尊严，维护全体中国人民的尊严。国歌法列入香港、澳门特别行政区基本法附件三后，香港和澳门特区应当按照香港基本法和国歌法的规定，及时完成本地立法，全面落实国歌法的各项规定，确保国歌法在特区得到切实执行。

相关规定

《中华人民共和国宪法》第三十条、第三十一条、第八十五条；《中华人民共和国香港特别行政区基本法》附件三；《中华人民共和国澳门特别行政区基本法》附件三

第十五条　**在公共场合，故意篡改国歌歌词、曲谱，以歪曲、贬损方式奏唱国歌，或者以其他方式侮辱国歌的，由公安机关处以警告或者十五日以下拘留；构成犯罪的，依法追究刑事责任。**

条文主旨

本条是关于侮辱国歌法律责任的规定。

立法背景

大多数国家法律对侮辱国歌行为的法律责任进行了规定。虽然美国、加拿大、日本未具体规定侮辱国歌应当承担的法律责任，俄罗斯规定得比较原则。而一些国家和地区则具体规定了侮辱国歌应承担的法律责任。在我国，《广告法》和《商标法》对不适当使用国歌的行为以及相应的处罚作出了规定。按照《广告法》的规定，将国歌用于或者变相用于商业广告的，应当由工商行政管理部门责令停止发布广告，对广告主处二十万元以上一百万元以下的罚款，情节严重的，并可以吊销营业执照，由广告审查机关撤销广告审查批准文件、一年内不受理其广告审查申请；对广告经营者、广告发布者，由工商行政管理部门没收广告费用，处二十万元以上一百万元以下的罚款，情节严重的，并可以吊销营业执照、吊销广告发布登记证件。按照《商标法》的规定，已经注册的商标，违反《商标法》第十条规定，将国歌用于或者变相用于商标的，或者是以欺骗手段或者其他不正当手段取得注册的，由商标局宣告该注册商标无效；其他单位或者个人可以请求商标评审委员会宣告该注册商标无效。

在我国，近年来侮辱国歌的行为屡有发生，但由于缺乏法律处罚依据，致使侮辱国歌的事件公开不多。国歌是国家统一和凝聚力的象征，鼓舞公民为国家统一而奋进，激励公民为国家发展而努力。侮辱国歌的行为就是侮辱国家象征、损害国家尊严的行为，理应和侮辱国旗、国徽一样，将侮辱国歌行为纳入承担刑事责任范围。

条文解读

《国歌法》规定，在公共场合，故意篡改国歌歌词、曲谱，以歪曲、贬损方式奏唱国歌，或者以其他方式侮辱国歌的，由公安机关处以警告或者十五日以下拘留；构成犯罪的，依法追究刑事责任。以下内容主要从刑事责任方面进行解读，对于在行为的时间和地点、手段和方法、动机和结果、行为人的一贯表现、态度等方面情节较轻的，追究行政责任。

一、行为主体

《国歌法》第十五条规定了侮辱国歌应当承担的法律责任，承担责任的主体并非仅限于中国公民，也包括外国人。根据我国《刑法》，对发生在中华人民共和国领域内的犯罪行为，或者在中华人民共和国领域外针对我国国家的犯罪，都应当受到处罚。如果侮辱国歌的行为发生在中国，无论是中国人，还是外国人，只要侮辱国歌，损害国家尊严、扰乱公共秩序的，公安机关将以事实为依据，根据违法行为的性质、情节以及社会危害程度，按照《治安管理处罚法》和《国歌法》的相关规定进行处罚；构成犯罪的，还将依据《刑法》追究其刑事责任。《治安管理处罚法》规定，对违反治安管理的外国人，可以附加适用限期出境或者驱逐出境。刑法也规定，对于犯罪的外国人，可以独立适用或者附加适用驱逐出境。

二、行为对象

根据《国歌法》第二条的规定，“中华人民共和国国歌是

《义勇军进行曲》”，侮辱国歌的行为应为侮辱《义勇军进行曲》。《国歌法》第十条第四款规定，国歌标准演奏曲谱、国歌官方录音版本由国务院确定的部门组织审定、录制，并在中国人大网和中国政府网上发布。对于侮辱国歌标准演奏曲谱、国歌官方录音版本的当然属于本条处罚的范围，对于侮辱国歌的非标准演奏曲谱或者非官方的国歌录音版本，只要达到了使普通人认为足以损害国歌的尊严，也应认定为侮辱国歌。其理由在于一些人为了发泄对国家、政府的不满，侮辱这些曲谱或者版本，实质上也是对国歌象征的国家尊严的侮辱，理应受到处罚。

三、行为内容

《国歌法》第十五条规定：“在公共场合，故意篡改国歌歌词、曲谱，以歪曲、贬损方式奏唱国歌，或者以其他方式侮辱国歌的，由公安机关处以警告或者十五日以下拘留；构成犯罪的，依法追究刑事责任。”

关于该条中“公共场合”，在法律起草过程中有人提出，在网络上以及私人场合发现有侮辱国歌的行为也应当追究其法律责任，建议删去“在公共场合”的表述。本条中的“在公共场合”，指当众、公开的情境。不论是在现实的公共场所还是在互联网，当众公然侮辱国歌的行为都会造成恶劣的社会影响，均应追究其法律责任。实践中，这类行为需要通过公开传播，才能构成对国家形象、社会秩序的损害，才能追究法律责任。同时，考虑到国旗法、国徽法和刑法关于侮辱国旗、国徽的法律责任中，都规定在“公共场合”或“公众场合”，因此保留了“在公共场合”。“公共场合”，一是指悬挂国旗、国徽的公共场所或者国家机关所在地，二是指人群聚集的公共场所。即使是私人场所，但由于参与人员比较多，或者活动的性质不具有私密性，也属于“公共场合”。“公共场合”既包括人群经常聚集、供公众使用或者服务于公众活动的场所，也包括公众能够自由进入、聚集的网络虚拟空间。因此，利用网络发布、传播损害国歌庄严形象音视频的应当受到处罚。

“恶意修改国歌歌词、曲谱”是指主观为了达到侮辱、泄愤等目的修改国歌法所附的《义勇军进行曲》歌词、曲谱的内容。“歪曲、贬损方式”主要是指故意以轻佻、极慢、极快等不适宜的形式奏唱国歌来损害国歌尊严和形象。“其他方式侮辱国歌”是指虽然按照本法规定的歌词和曲谱来奏唱国歌，但通过不适宜的场合或者伴随动作来损害国歌的尊严和形象，如在带有侮辱性的场合奏唱国歌或者奏唱时伴随如竖中指、嘘口哨等侮辱性的行为举止。

此外，《国歌法》第十五条没有规定未遵守国歌奏唱礼仪的责任，所以一般情况下，如果未遵守国歌奏唱礼仪是不承担责任的。如在天安门广场举行升国旗、奏国歌仪式时，有一些游客拍照摄像、随意走动，未遵守奏唱礼仪也不会受到处罚。如果在不遵守国歌奏唱礼仪的情况下，同时故意篡改国歌歌词、曲谱，以歪曲、贬损方式奏唱国歌，或者以其他方式侮辱国歌的，应承担法律责任。

在《国歌法》审议过程中，一些人大常委会、全国人大代表提出，《刑法》应对如何追究侮辱国歌行为的刑事责任予以明确，以切实维护国歌的尊严。为了依法维护国旗、国徽的尊严，惩治侮辱国旗、国徽的犯罪行为，《刑法》第二百九十九条规定了侮辱国旗、国徽罪，明确了刑事责任。因此，在《国歌法》通过后，有必要对《刑法》第二百九十九条作相应补充，明确了侮辱国歌行为的刑事责任。2017 年 11 月 4 日，十二届全国人大常委会第三十次会议通过了《刑法修正案（十)》，在刑法第二百九十九条侮辱国旗、国徽罪的规定中增加一款，“在公共场合，故意篡改中华人民共和国国歌歌词、曲谱，以歪曲、贬损方式奏唱国歌，或者其他方式侮辱国歌，情节严重的，依照前款的规定处罚。”对侮辱国歌行为的刑事责任作出规定。这一规定在《国歌法》第十五条规定的行政责任和刑事责任的基础上，对刑事责任的处罚种类进行了明确，既与《国歌法》的规定相衔接，也与《刑法》关于侮辱国旗、国徽罪的规定相协调，体现罪刑法定原则。

相关规定

《中华人民共和国刑法》第二百九十一条、第二百九十三条、第二百九十九条；《中华人民共和国国旗法》第十九条；《中华人民共和国国徽法》第十三条

第十六条　本法自 2017 年 10 月 1 日起施行。

条文主旨

本条是关于本法时间效力的规定。

条文解读

法律的公布日期与施行日期的关系有两种情况：一种是公布日期与施行日期一致，即自公布之日起施行；另一种是公布日期与施行日期不一致，公布之后过一段时间才施行。本法采用的是第二种方式。法律之所以在发布之后、生效之前保留一个准备

期，主要是基于以下考虑：一是有利于公民、法人和其他组织学法、遵法。法律公布后施行前，由于国歌法涉及每一个公民和组织，全社会需要有一个了解、熟悉、学习本法有关规定的过程。只有学好法律，才能更好地遵守法律，按照法律规定办事。二是有利于政府更好地执行法律。法律公布以后，各级政府、公安机关等执法人员需要一个学习、掌握法律规定的各项制度、措施以及领会法律精神的过程。留有一个准备期，对于提高执法人员依法行政的意识和水平，规范执法行为，具有十分重要的现实意义。国务院确定的部门组织审定、录制国歌标准演奏曲谱、国歌官方录音版本也需要一定的时间。三是有利于更好地推动国歌宣传教育。法律公布后，给广播电台、电视台等新闻媒体、中小学等单位一段时间开展国歌及国歌奏唱礼仪的宣传教育，对于落实国歌法将发挥重要作用。

本条对生效时间的规定，还涉及法律的溯及力问题。法律的溯及力是指法律对其公布施行以前的事件、行为是否有约束力，如果有，就是该法律有溯及力；反之，就是无溯及力。一般情况下，只要法律条文中没有明确规定该法有溯及力，那么该法就无溯及力。根据本条规定，本法自 2017 年 10 月 1 日起施行，这就是说，本法不具有溯及力。因而，本法对施行之前的事件、行为不具有约束力。

相关规定

《中华人民共和国立法法》第五十七条；《全国人民代表大会法律委员会关于〈中华人民共和国国歌法（草案）〉审议结果的报告》

中华人民共和国国徽法解读

第一条　为了维护国徽的尊严，正确使用国徽，根据宪法，制定本法。

条文主旨

本条是对立法宗旨和立法依据的规定。

立法背景

国徽是国家特有的标志和象征，以特定的图案形式来表现，代表着国家的主权和民族的尊严。世界各国都有自己的国徽，形状、图案各不相同。从形状上说，有的呈圆形，有的呈椭圆形，还有的呈盾形。从国徽的图案及其表达的含义来说，有的是本国重要历史事件的剪影和记录；有的反映了本国的地理面貌、自然资源和环境；有的反映了本国的政体、信仰和政治理想；有的表达了民族的自由、解放和独立等。

1950 年 6 月 18 日，第一届中国人民政治协商会议第二次会议通过中华人民共和国国徽图案及对该图案的说明。同年 9 月 20 日，毛泽东主席签署命令，公布中华人民共和国国徽。我国的国徽呈圆形，内容为国旗、天安门、齿轮和麦稻穗。中心部分是红地上的金色天安门城楼。城楼正中上方是一颗大的金色五角星；

大星下边，以半弧形环拱四颗小的金色五角星。在国徽的四周，是由两把金色麦稻穗组成的正圆形的环。在麦稻杆的交叉点上，是一个圆形齿轮。齿轮的中心交结着红色绶带。绶带向左右绾住麦稻而下垂，把齿轮分成了上下两部分。国徽中以天安门作图案，表明中国人民从 1919 年“五四”运动以来进行的新民主主义革命斗争的胜利和中华人民共和国的诞生。天安门广场是我国“五四”运动的发祥地，又是新中国成立时盛大集会时的场所。我国的新民主主义革命正是从“五四”运动开始到 1949 年建立中华人民共和国。所以天安门图案表现了我国各族人民的革命传统和民族精神。国徽中用齿轮和麦稻穗环绕周围，表明我国的国家性质是工人阶级领导的、以工农联盟为基础的人民民主国家。国徽中的五个五角星取自国旗中的五星，象征着中国共产党领导下的人民大团结。因此，国徽象征中国人民自“五四”运动以来的新民主主义革命斗争和工人阶级领导的、以工农联盟为基础的人民民主专政的新中国的诞生。

1954 年宪法正式规定了国徽的图案，这一规定一直延续至今。现行《宪法》第一百三十七条规定：“中华人民共和国国徽，中间是五星照耀下的天安门，周围是谷穗和齿轮。”

虽然宪法对国徽作了规定，但一直以来，没有对国徽制定专门的法律。为规范国徽使用，1950 年 9 月 20 日中央人民政府委员会第八次会议通过并颁布实施了国徽使用办法。随着我国政治、经济和文化事业的发展，这个办法中规定的许多内容已不适应实际需要，如对使用国徽及其图案的范围规定得较窄，办法中列举的许多国家机构的名称已发生变化。另外，对国徽的制作、国徽的规格和对侮辱国徽者的处罚等许多重要内容都未规定，从而造成实际生活中国徽及其图案的使用情况比较混乱。一些人大代表曾多次建议，为了维护国徽的尊严，增强公民的国家观念，应尽快修改原国徽使用办法，完善国徽立法。因此，为了维护国徽的尊严，及时修改现行国徽使用办法，制定一部专门的国徽法是十分必要的。

条文解读

1991 年 3 月 2 日，第七届全国人民代表大会常务委员会第十八次会议通过了《中华人民共和国国徽法》。本法的立法目的，是维护国徽的尊严，正确使用国徽，对国徽的使用作了具体规定，主要体现在两方面：一是对应当悬挂国徽的机构和场所作了规定，二是对国徽图案的使用作了规定。同时，为了维护国徽的尊严和使用国徽的严肃性，本法对在公众场合故意以焚烧、毁损、涂划、玷污、践踏等方式侮辱中华人民共和国国徽和国徽图案的法律责任作出了明确规定。本法的立法依据是《宪法》第一百三十七条的规定。《宪法》第一百三十七条规定：“中华人民共和国国徽，中间是五星照耀下的天安门，周围是谷穗和齿轮。”制定本法时，关于国徽图案及其制作方法，考虑到原中央人民政府委员会公布的国徽图案及其制作说明无须修改，还应按照这个国徽图案及其图案说明制作，原国徽图案及其制作说明在本法通过时一并公布。

第二条　中华人民共和国国徽，中间是五星照耀下的天安门，周围是谷穗和齿轮。

中华人民共和国国徽按照 1950 年中央人民政府委员

会通过的《中华人民共和国国徽图案》和中央人民政府委员会办公厅公布的《中华人民共和国国徽图案制作说明》制作。

条文主旨

本条是关于国徽的内容及国徽图案制作说明的规定。

立法背景

国徽是国家的象征和标志，它以特定的图案形式来表现，代表着国家的主权和民族的尊严。世界各国都有自己的国徽，形状、图案以及表达的含义各不相同。我国国徽的图案和制作说明，是在新中国成立之初产生和确定的。

在人民解放战争取得节节胜利的形势下，中国共产党开始考虑筹建新的政权，号召各民主党派、各人民团体、各社会贤达迅速召开政治协商会议，讨论并实现召集人民代表大会，成立民主联合政府，社会各界给予热烈响应。1949 年 6 月，新政治协商会议筹备会第一次会议在北京召开，拟定新中国的国旗、国徽、国歌是此次会议的重要任务之一。筹备会常务委员会下设六个小组，其中第六小组负责拟定国旗、国徽及国歌方案，组长由中国民主促进会负责人马叙伦担任，北平市军事管制委员会主任叶剑英任副组长，后又增加沈雁冰（即茅盾）为副组长，主持日常工作。第六小组成员有：张奚若、田汉、马寅初、郑振铎、郭沫若、翦伯赞、钱三强、蔡畅、李立三、张澜、陈嘉庚、欧阳予倩、廖承志等。7 月 4 日下午，第六小组在中南海勤政殿举行第一次全体会议，推选叶剑英、廖承志、李立三、郑振铎、张奚若、蔡畅、田汉、翦伯赞等人组成国旗国徽初选委员会，叶剑英为召集人。会后，郭沫若、沈雁冰、郑振铎草拟《征求国旗国徽图案及国歌辞谱启事（草案）》，经周恩来审改，并呈送毛泽东、朱德、李济深、张澜、林伯渠等新政协筹备会常委征求意见。7 月 14 日，征集启事开始连续在《人民日报》等各大报纸刊登，并规定 8 月 20 日为征求截止日期。对于国徽的设计要求是：一是中国特征（如地理、民族、历史、文化等）；二是政权特征（工人阶段领导的、以工农联盟为基础的人民民主专政）；三是形式须庄严富丽。8 月 5 日，第六小组第二次全体会议，决定聘请徐悲鸿、梁思成、艾青为国旗国徽图案初审委员会专家顾问。

启事刊登后反响强烈，在一个月内，共征集到国徽设计稿 112 件，图案 900 幅。8 月 22 日，国旗国徽初选委员会召开第一次会议，初步选定了国徽图案四幅。8 月 24 日，第六小组第三次全体会议召开，国徽方面则由于收到作品太少，且可采用者寥寥，所以决定另请专家拟制。8 月 26 日，马叙伦在新政协筹备会常务委员会第四次会议上汇报了国旗、国徽、国歌拟定的进展情况。9 月 17 日，新政协筹备会第二次全体会议通过决议，将国旗、国徽、国歌的制定工作移交中国人民政治协商会议第一届全体会议。

9 月 25 日晚，毛泽东、周恩来在中南海丰泽园主持座谈会，邀请郭沫若、沈雁冰、黄炎培、陈嘉庚、张奚若、马叙伦、田汉、徐悲鸿、李立三、洪深、艾青、马寅初、梁思成、马思聪、吕骥、贺绿汀等参加，听取关于国旗、国徽、国歌、纪年、国都问题的意见。关于国徽方案，与会者意见很不统一。毛泽东感到马上拿出国徽方案很不现实，他说：“国旗决定了，国徽是否可慢一点决定，等将来交给政府去决定?”但最后意见依旧不能统一，最后毛泽东决定：“原小组继续存在，再去设计。”9月26日，国旗国徽国歌国都纪年审查委员会召开第一次会议，决定国徽图案邀请专家另行拟制。同日，审查委员会将本次会议的决议内容报告给政协会议主席团。

根据9月25日座谈会的讨论结果，全国政协一届一次会议决定，国徽图案邀请专家另行拟制，马叙伦、沈雁冰领导原第六小组成员组成国徽组和国徽审查小组，继续拟制任务。周恩来指示，应多吸收一些专家来共同设计国徽。马叙伦等邀请清华大学营建系和中央美术学院成立两个设计组负责国徽的设计工作。10月23日，清华大学营建系国徽设计组成立，梁思成等人提出《拟制国徽图案说明》。同时，中央美术学院在张仃的领导下成立国徽设计组。经过几个月的努力，两个国徽设计组拟制了两种不同的方案，梁思成等人的设计以民族形式的玉璧为主要内容，张仃等人设计的以天安门为主要内容。

1950年6月10日，全国政协一届常委会第八次会议通过关于国徽修正案。6月13日，全国政协一届常委会第九次会议决定，将国徽设计图提交全国政协一届二次全体会议讨论表决。6月17日，梁思成等将国徽图样及设计说明书报送政协第一届全国委员会。6月20日，国徽审查小组最后一次讨论国徽的设计方案，大家的意见趋于一致，只是对设计的细节提出一些建议，最后周恩来提议：写一个解释书，将梁思成绘制的图案提交全国政协一届二次会议，以便表决时看得更清楚一些。次日，马叙伦、沈雁冰将国徽审查情况报告全国政协一届二次会议。

6月23日，全国政协一届二次会议通过了国徽图案及对图案的说明，并提请中央人民政府委员会核准公布。6月28日，中央人民政府委员会第八次会议通过了全国政协一届二次会议提议的《中华人民共和国国徽图案及对设计图案的说明》。8月18日，沈雁冰主持召开关于国徽使用、国旗悬挂、国歌奏唱办法及审查国徽图案的座谈会，会议一致同意国徽使用、国旗悬挂、国歌奏唱三项办法草案并加以修正，并同意高庄等修正的国徽浮雕图案。9月2日，中央人民政府邀请一些专家商谈国徽公布、制造及颁发问题。

9月20日，中央人民政府主席毛泽东发布《中央人民政府命令》，公布国徽及图案说明，《人民日报》等予以刊登。至此，代表着新中国象征的中华人民共和国国旗、国徽、国歌全部产生。

条文解读

1954年9月20日，一届全国人大一次会议通过《中华人民共和国宪法》，其中第四章规定了国旗、国徽、首都，第一百零五条规定："中华人民共和国国徽，中间是五星照耀下的天安门，周围是谷穗和齿轮。"赋予了国徽以宪法地位。之后的1975年、1978年、1982年宪法都作了同样的规定。根据宪法，本条第一款规定，中华人民共和国国徽，中间是五星照耀下的天安门，周围是谷穗和齿轮。

本条第二款规定："中华人民共和国国徽按照1950年中央人民政府委员会通过的《中华人民共和国国徽图案》和中央人民政府委员会办公厅公布的《中华人民共和国国徽图案制作说明》制作。"本法还将国徽图案和制作说明列入附件中。1950年6月28日中央人民政府委员会第八次会议通过的《中华人民共和国国徽图案》不仅有国徽的图案，还有一段说明：国徽的内容为国旗、天安门、齿轮和麦稻穗，象征中国人民自“五四”运动以来的新民主主义革命斗争和工人阶级领导的、以工农联盟为基础的人民民主专政的新中国的诞生。1950 年 9 月 20 日中央人民政府委员会办公厅公布的《中华人民共和国国徽图案制作说明》对国徽的图案、颜色、比例、尺寸等作了详细规定，并附有国徽方格墨线图和国徽纵断面图。

相关规定

《中华人民共和国宪法》第一百零五条；《中华人民共和国国徽图案》；《中华人民共和国国徽图案制作说明》

第三条　中华人民共和国国徽是中华人民共和国的象征和标志。

一切组织和公民，都应当尊重和爱护国徽。

条文主旨

本条是关于国徽性质的规定。

立法背景

国家标志又称国家象征，是指一般由宪法和法律规定的，代表国家的主权、独立和尊严的象征和标志。根据国际上的惯例，国家的象征和标志主要包括国旗、国徽、国歌、首都和国庆日。

条文解读

一、国徽作为国家象征和标志的历史

国徽是代表国家的徽章、纹章，为国家象征之一，也是民族的象征。只有特定的国家重要文件才能盖上国徽大印，正式生效。国徽上通常有来自自然的元素，如动植物，但也可能有其他事物，用以表现该国的风土人情、历史文化或意识形态。如美国国徽有鹰、俄罗斯国徽有双头鹰、新加坡国徽有狮虎、韩国国徽有木槿花等，许多国家的国徽有橄榄枝叶以象征和平等。

同样，我国的国徽作为国家象征与标志，也必须体现国家特征、政权特征。1949 年 7 月，全国政治协商会议筹备会为了迎接新中国的成立，在《人民日报》登出了向全国征求国旗、国徽及国歌词谱的启事，明确提出对国徽设计的要求是：（1）要有中国特征；（2）要有政权特征；（3）形式要庄严富丽。我国国徽鲜明地表明了我们国家的性质，它标志着中国人民自“五四”运动以来的新民主主义革命斗争的胜利和工人阶级领导的、以工农联盟为基础的人民民主专政的新中国的诞生。中国的新民主主义革命是从“五四”运动开始的，到 1949 年取得了伟大胜利，建立了中华人民共和国。天安门是“五四”运动的发祥地，又是新中国成立时盛大集会的场所，用天安门图案作为新的民族精神的象征，是十分恰当的。用齿轮、麦稻穗象征工人阶级与农民阶级，用国旗上的五星代表中国共产党领导下的中国人民大团结，鲜明地表现了新中国的性质是工人阶级领导的、以工农联盟为基础的人民民主专政的社会主义国家。

二、国徽作为国家象征和标志的表现

正是因为国徽是国家的象征和标志，法律对一些机构和场合悬挂国徽作出了明确规定。根据国徽法的规定，应当悬挂国徽的机构有：县级以上各级人民代表大会常务委员会、县级以上各级人民政府、中央军事委员会、各级人民法院和专门人民法院、各级人民检察院和专门人民检察院、外交部、国家驻外使馆、领馆和其他外交代表机构。乡、民族乡、镇的人民政府可以悬挂国徽。应当悬挂国徽的场所有：北京天安门城楼、人民大会堂、县级以上各级人民代表大会及其常务委员会会议厅、各级人民法院和专门人民法院的审判庭、出境入境口岸的适当场所。国徽法还对应当印有国徽图案的印章作出规定：全国人民代表大会常务委员会、国务院、中央军事委员会、最高人民法院、最高人民检察院的印章；全国人民代表大会各专门委员会和全国人民代表大会常务委员会办公厅、工作委员会，国务院各部、各委员会、各直属机构、国务院办公厅以及国务院规定应当使用刻有国徽图案印章的办事机构，中央军事委员会办公厅以及中央军事委员会规定应当使用刻有国徽图案印章的其他机构的印章；县级以上地方各级人民代表大会常务委员会、人民政府、人民法院、人民检察院，专门人民法院，专门人民检察院的印章；国家驻外使馆、领馆和其他外交代表机构的印章。应当印有国徽图案的文书、出版物有：全国人民代表大会常务委员会、中华人民共和国主席和国务院颁发的荣誉证书、任命书、外交文书；中华人民共和国主席、全国人民代表大会常务委员会委员长、国务院总理、中央军事委员会主席、最高人民法院院长和最高人民检察院检察长以职务名义对外使用的信封、信笺、请柬等；全国人民代表大会常务委员会公报、国务院公报、最高人民法院公报和最高人民检察院公报的封面；国家出版的法律、法规正式版本的封面。

此外，与每个公民联系最为紧密的是，我国的居民身份证上印制有国徽图案。需要出入境的公民所领取的护照，在其封面上也印制有国徽图案。这是对持证人国家公民身份的宣示和认同。

相关规定

《中华人民共和国国徽法》第四条、第五条、第六条、第十条、第十一条、第十二条；《中华人民共和国刑法》第二百九十九条

第四条 下列机构应当悬挂国徽：

（一）县级以上各级人民代表大会常务委员会；

（二）县级以上各级人民政府；

（三）中央军事委员会；

（四）各级人民法院和专门人民法院；

（五）各级人民检察院和专门人民检察院；

（六）外交部；

（七）国家驻外使馆、领馆和其他外交代表机构。

乡、民族乡、镇的人民政府可以悬挂国徽，具体办法由省、自治区、直辖市的人民政府根据实际情况规定。

国徽应当悬挂在机关正门上方正中处。

条文主旨

本条是关于应当悬挂国徽的机构的规定。

立法背景

国旗、国徽、国歌作为国家的象征和标志，其主要的使用方式各有不同，国旗主要是通过升挂的形式彰显国家主权和尊严，国歌的主要使用形式则是奏唱，而国徽作为一种徽章、纹章，其

主要使用方式分为两类：一类是直接悬挂在特定机构或者场所，凸显这一类机构和场所代表的国家权力；还有一类是通过刻制印章或者直接印刷在出版物及其他载体上，表示国家权力的认可。本条关于应当悬挂国徽的机构的规定，主要延续了1950年中央人民政府制定颁布的《中华人民共和国国徽使用办法》的规定。《中华人民共和国国徽使用办法》规定，中华人民共和国之国徽在下列各机关悬挂：(1) 中央机关：中央人民政府委员会；中国人民政治协商会议全国委员会；中央人民政府政务院；中央人民政府外交部及其直属机关。(2) 地方机关：各大行政区人民政府(军政委员会)；民族自治区人民政府；省、市、县人民政府及人民行政公署。(3) 驻外国使馆及领事馆。

条文解读

国徽法根据四十多年来的实践和机构沿革对悬挂国徽的机构作了进一步调整、规范，以下几类机构，都应当在机关正门上方正中处悬挂国徽：

一是县级以上各级人大常委会。我国宪法规定，中华人民共和国的一切权力属于人民。人民行使国家权力的机关是全国人民代表大会和地方各级人民代表大会。县级以上各级人大常委会是各级人民代表大会的常设机关。1979年五届全国人大二次会议修改宪法并制定通过地方组织法，明确规定，县级以上地方各级人大设立常委会。之后，1979年11月全国人大常委会办公厅就下发了《关于县级以上地方各级人民代表大会常务委员会悬挂中华人民共和国国徽和挂机关名称牌子的通知》，规定："县级以上地方各级人民代表大会常务委员会都悬挂中华人民共和国国徽。"

“省、自治区、直辖市人民代表大会常务委员会悬挂的国徽，直径为80公分；自治州、县、自治县、市、市辖区人民代表大会常务委员会悬挂的国徽。直径为60公分。”

二是县级以上各级人民政府。宪法规定，中华人民共和国国务院，即中央人民政府，是最高国家权力机关的执行机关，是最高国家行政机关。地方各级人民政府是地方各级国家权力机关的执行机关，是地方各级国家行政机关。自1950年开始，县级以上各级人民政府就一直需要悬挂国徽。具体悬挂的规格，参考1980年《国务院办公厅关于悬挂国徽等问题给湖北省人民政府办公厅的复函》规定，省、自治区、直辖市人民政府悬挂的国徽，直径为80公分；自治州、县、自治县、市、市辖区人民政府及地区行政公署悬挂的国徽，直径为60公分。

三是中央军事委员会。国防法规定，中央军事委员会领导全国武装力量。具体包括统一指挥全国武装力量，决定军事战略和武装力量的作战方针，领导和管理中国人民解放军的建设，制定规划、计划并组织实施等。除了中央军委机关办公大楼悬挂国徽外，根据《国务院办公厅关于同意中央军委外事办公室综合办公楼悬挂国徽的函》（国办函〔2007〕6号）批复，中央军委外事办公室在新建成的综合办公楼也悬挂国徽，国徽直径为80厘米。

四是各级人民法院和专门人民法院。根据宪法规定，人民法院是国家的审判机关，包括最高人民法院、地方各级人民法院和军事法院等专门人民法院。其中，专门人民法院还包括知识产权法院、海事法院等。《最高人民法院关于法庭的名称、审判活动区布置和国徽悬挂问题的通知》规定，人民法院和人民法庭机关正门上方正中处悬挂国徽；国徽直径的通用尺度为基层人民法院、人民法庭60厘米；中级人民法院60厘米；高级人民法院80厘米；最高人民法院100厘米。

五是各级人民检察院和专门人民检察院。根据宪法规定，人民检察院是国家的法律监督机关，包括最高人民检察院、地方各级人民检察院和军事检察院等专门人民检察院。《最高人民检察院关于各级检察机关升挂国旗悬挂国徽的通知》进一步规定，在各级人民检察院、专门人民检察院机关正门上方正中处悬挂国徽；国徽直径的通用尺度为：基层人民检察院（含同级专门人民检察院）60厘米；省辖市人民检察院、人民检察院分院（含同级专门人民检察院）60厘米；省、自治区、直辖市人民检察院80厘米；最高人民检察院100厘米。

六是外交部。外交部作为国家的外交主管部门，代表国家维护国家主权、安全和利益，代表国家和政府办理外交事务，承办党和国家领导人与外国领导人的外交往来事务。在处理外交事务过程中，外交部就代表了国家的主权和形象。因此，从1950年到国徽法，在国务院组成部门中都只明确规定了外交部应当悬挂国徽。

七是国家驻外使馆、领馆和其他外交代表机构。国家在外国派驻的使领馆和其他外交代表机构，在外代表国家利益，负责两国关系，促进两国的政治、经济、文化、教育、科技、军事等方面的关系，同时承担相关领事职能，例如，维护本国公民和法人在外国的合法权益，向本国公民颁发或延期护照、向外国公民颁发签证等。作为我国在国外的主权象征，国家驻外使馆、领馆和其他外交代表机构应当悬挂国徽。

考虑到乡、民族乡、镇的人民政府作为最基层的人民政府，情况比较复杂，特别是有的地方经济比较落后，可能不具备悬挂国徽的实际条件，因此，本条规定乡、民族乡、镇的人民政府可以悬挂国徽，具体办法由省、自治区、直辖市的人民政府根据实际情况规定。实践中，目前许多乡镇的人民政府也都悬挂国徽。本条没有对基层的人民代表大会作出规定，主要考虑只有县级以上的人民代表大会才设有常务委员会，具有一个机关实体，而乡镇人大通常只有常设主席、副主席，没有常设机构。但是，《全国人民代表大会常务委员会办公厅关于执行〈中华人民共和国国徽法〉第九条有关规定的通知》规定，乡、民族乡、镇的人民代表大会举行会议时可以在会场悬挂国徽。

此外，需要注意的是，以上悬挂国徽的机构，大多数为宪法明确规定的国家机构。国徽法与国旗法不同，没有要求在政治协商会议的机关或者会场悬挂国徽。这是因为国旗、国徽虽然都是国家的象征和标志，但是从各国普遍规定看，性质略有不同。国旗的使用范围更广泛，特别是通过升国旗、奏唱国歌的仪式，在公民中传达一种爱国主义精神，而国徽一般仅限于国家机构使用，凸显国家权力。中国人民政治协商会议是中国人民爱国统一战线的组织，是中国共产党领导的多党合作和政治协商的重要机构，是中国政治生活中发扬社会主义民主的一种重要形式，但是它不是国家机构，也不行使国家权力，因此不能悬挂国徽。政协会议悬挂中国人民政治协商会议的会徽，以红光闪闪的一颗五角星、迎风飘扬的四面红旗和白色地球衬托的红色中国地图为中心，光芒四射的蔚蓝色天幕作背景，周围是红色缎带连接起来的瓦蓝色齿轮和金黄色麦穗。整个图案庄严富丽，具有深刻的政治涵义。政协会徽体现了“无产阶级领导的、以工农联盟为基础的各民主阶层大团结”的精神。

相关规定

《全国人大常委会办公厅关于县级以上地方各级人民代表大会常务委员会悬挂中华人民共和国国徽和挂机关名称牌子的通知》;《国务院办公厅关于悬挂国徽等问题给湖北省人民政府办公厅的复函》;《最高人民法院关于法庭的名称、审判活动区布置和国徽悬挂问题的通知》;《最高人民检察院关于各级检察机关升挂国旗悬挂国徽的通知》

第五条 下列场所应当悬挂国徽:

(一)北京天安门城楼,人民大会堂;

(二)县级以上各级人民代表大会及其常务委员会会议厅;

(三)各级人民法院和专门人民法院的审判庭;

(四)出境入境口岸的适当场所。

条文主旨

本条是关于应当悬挂国徽场所的规定。

条文解读

本条明确规定了四类场所应当悬挂国徽:

一是北京天安门城楼和人民大会堂。我国国徽图案的正中间就是五星照耀下的天安门。天安门,坐落在中华人民共和国首都北京市的中心、故宫的南端,与天安门广场以及人民英雄纪念碑、毛主席纪念堂、人民大会堂、中国国家博物馆隔长安街相望，占地面积4800平方米，以杰出的建筑艺术和特殊的政治地位为世人所瞩目。虽然没有法律明确规定，但是天安门确实在我国具有特殊的象征地位，特别是作为开国大典的举行地，毛主席在天安门城楼上宣布中华人民共和国中央人民政府成立，其象征着中国人民自“五四”运动以来的新民主主义革命斗争和工人阶级领导的、以工农联盟为基础的人民民主专政的新中国的诞生。

人民大会堂位于中国北京市天安门广场西侧，西长安街南侧。人民大会堂坐西朝东，南北长336米，东西宽206米，高46.5米，占地面积15万平方米，建筑面积17.18万平方米。人民大会堂是全国人民代表大会开会地和全国人民代表大会常务委员会的办公场所，是党、国家和各人民团体举行政治活动的重要场所，每年举行的中国人民政治协商会议全国委员会会议以及五年一届的中国共产党全国代表大会也在此召开。人民大会堂也是党和国家领导人和人民群众举行政治、外交、文化活动的场所。

二是县级以上各级人民代表大会及其常务委员会会议厅。各级人民代表大会及其常务委员会作为国家权力机关，由代表和委员组成。代表和委员集体行使职权，各级人民代表大会及其常务委员会履职职权需要通过召开会议实现。因此，各级人民代表大会及其常务委员会的会议厅不同于一般机关的会议室，是国家权力机关行使职权的特定场所。除了县级以上各级人民代表大会及其常务委员会会议厅以外，乡、民族乡、镇的人民代表大会举行会议时也可以在会场悬挂国徽。这类场所国徽悬挂的具体位置，可以参考1950年《中华人民共和国国徽使用办法》的相关规定，即“国徽之悬挂于礼堂者，应悬挂于主席台上方正中处”。

三是各级人民法院和专门人民法院的审判庭。人民法院的职权要通过审判活动具体实现，审判庭也不同于一般的办公室，而是人民法院履行审判权、开展审判活动的专门场所。《最高人民法院关于法庭的名称、审判活动区布置和国徽悬挂问题的通知》规定，审判法庭是人民法院严格按照法律规定的诉讼程序依法开庭审理各类案件的法定场所。人民法院用于审判工作的整体建筑称为“审判法庭”，其中专门用于开庭审理案件的房间称“法庭”并冠于序数，为：第一法庭、第二法庭等。与法院其他建筑相对独立的审判法庭正门上方正中处悬挂国徽；人民法院和人民法庭机关正门上方正中处悬挂国徽；调解室、接待室内不悬挂国徽。

四是出境入境口岸的适当场所。口岸原意是指由国家制定的对外通商的沿海港口，而现在通常是国家指定的对外来往的门户，除了对外开放的沿海港口之外，口岸还包括国际航线上的飞机场，山脉国境线上对外开放的山口，国际铁路、国际公路上对外开放的火车站、汽车站，国际河流和内河上对外开放的水运港口。口岸是一个国家主权的象征，口岸权包括口岸开放权、口岸关闭权、口岸管理权，其中口岸管理权包括通行许可权、口岸行政权、关税自主权、检查权、检验检疫权等。人们形象地将口岸称为“国门”，意即跨过口岸，即进入国家的大门。因此，在口岸的适当场所悬挂国徽，体现了进入我国国家主权管辖的范围之内。

除了上述应当悬挂国徽的场所外，2015 年第十二届全国人大常委会第十五次会议通过了关于实行宪法宣誓制度的决定，其中规定宣誓场所应当庄重、严肃，悬挂中华人民共和国国旗或者国徽。之后，很多地方也陆续制定了宪法宣誓的条例，其中大部分地方都规定了宣誓场所悬挂国徽。此外，还有一些场所经国务院办公厅批准，也可以悬挂国徽。例如，2007 年《国务院办公厅关于同意首都机场新建专机及公务机楼悬挂国徽的函》（国办函〔2007〕56 号）提出，同意首都机场新建专机及公务机楼悬挂国徽，国徽直径为 80 厘米。

相关规定

《中华人民共和国国徽使用办法》；《最高人民法院关于法庭的名称、审判活动区布置和国徽悬挂问题的通知》；《全国人大常委会关于实行宪法宣誓制度的决定》

第六条 下列机构的印章应当刻有国徽图案：

（一）全国人民代表大会常务委员会，国务院，中央军事委员会，最高人民法院，最高人民检察院；

（二）全国人民代表大会各专门委员会和全国人民代表大会常务委员会办公厅、工作委员会，国务院各部、各委员会、各直属机构、国务院办公厅以及国务院规定应当使用刻有国徽图案印章的办事机构，中央军事委员会办公厅以及中央军事委员会规定应当使用刻有国徽图案印章的其他机构；

（三）县级以上地方各级人民代表大会常务委员会、人民政府、人民法院、人民检察院，专门人民法院，专门人民检察院；

（四）国家驻外使馆、领馆和其他外交代表机构。

条文主旨

本条是关于机构印章刻国徽的规定。

立法背景

现代国家的国徽来源于中世纪欧洲家族的徽章、纹章，其与国旗、国歌相比，具有很独特的一项功能就是作为印章印在相关文书上，表示国家权力对相关内容的认可。因此，只有法定和经过批准的特定机构的印章才可以使用国徽图案，其他机关的印章中间一般只能使用五角星图案。

条文解读

本条规定的印章中可以使用国徽图案的机构有四类：

一是全国人民代表大会常务委员会，国务院，中央军事委员会，最高人民法院，最高人民检察院。全国人大常委会是最高国家权力机关的常设机关，国务院是最高国家行政机关，中央军事委员会领导全国武装力量，最高人民法院是最高审判机关，最高人民检察院是最高检察机关，以上五个机构是宪法规定的中央层面的最高级别的国家机关，其印章理应刻有国徽图案。例如，国务院的印章，直径六厘米，中央刊国徽，国徽外刊机关名称，自左而右环行，由国务院自制。

二是全国人民代表大会各专门委员会和全国人民代表大会常务委员会办公厅、工作委员会，国务院各部、各委员会、各直属机构、国务院办公厅以及国务院规定应当使用刻有国徽图案印章的办事机构，中央军事委员会办公厅以及中央军事委员会规定应当使用刻有国徽图案印章的其他机构。全国人大目前设有民族委员会、法律委员会、财政经济委员会、教育科学文化卫生委员会、外事委员会、华侨委员会，内务司法委员会、环境与资源保护委员会、农业与农村委员会等专门委员会，其基本职能就是在全国人民代表大会和全国人民代表大会常务委员会领导下，研究、审议和拟订有关议案。全国人民代表大会常务委员会办公厅，是常委会的综合服务机构，设秘书局、联络局、外事局、新闻局、信访局、人事局离退休干部局、人民大会堂管理局、机关事务管理局等。全国人民代表大会常务委员会工作委员会包括：法制工作委员会、预算工作委员会、香港基本法委员会、澳门基本法委员会。国务院系统的部门除本条规定的国务院各部、各委员会、各直属机构、国务院办公厅以外，国务院还可以具体规定其他应当使用刻有国徽图案印章的其他机构，例如，根据《国务院关于部委管理的国家局与主管部委关系问题的通知》（国发〔1998〕12 号），部委管理的国家局使用带国徽的印章，印章规格按国务院办公厅规定办理。根据《国务院关于国家行政机关和企业事业单位社会团体印章管理的规定》（国发〔1999〕25 号），国务院直属事业单位的印章，经国家机构编制管理部门认定具有行政职能的单位的印章中央刊国徽。

三是县级以上地方各级人民代表大会常务委员会、人民政府、人民法院、人民检察院、专门人民法院、专门人民检察院。1979 年法律规定在县级以上地方各级人大设立常委会后，全国人大常委会办公厅就下发了全国人大常委会关于县级以上地方各级人民代表大会常务委员会印章的规定，明确省、自治区、直辖市人民代表大会常务委员会的印章，直径 5 厘米，中间刊国徽，国徽外面刊机关名称，自左向右环行，由全国人民代表大会常务委员会制发。自治州、县、自治县、市、市辖区人民代表大会常务委员会的印章，直径4.5厘米，中间刊国徽，国徽外面刊机关名称，自左向右环行，由省、自治区、直辖市人民代表大会常务委员会制发。《国务院关于国家行政机关和企业事业单位社会团体印章管理的规定》（国发〔1999〕25号）也明确，各省、自治区、直辖市人民政府的印章直径5厘米，中央刊国徽，国徽外刊机关名称，自左而右环行，由国务院制发。自治州、市、县级（县、自治县、县级市、旗、自治旗、特区、林区，下同）和市辖区人民政府的印章，直径4.5厘米，中央刊国徽，国徽外刊机关名称，自左而右环行，由省、自治区、直辖市人民政府制发。需要注意的是，本条规定的地方各级人大常委会、人民政府、法院和检察院，均为县级以上才可以在印章中使用国徽图案。乡（镇）人民政府的印章，中央不使用国徽图案，而是刊五角星，五角星外刊机关名称。

四是国家驻外使馆、领馆和其他外交代表机构。涉及外交的部门和机构的印章上应当刻有国徽图案。其中，外交部已经涵盖在第二项规定中，因此本项仅对驻外使领馆和其他代表机构作了规定。外交部制定并经国务院批准的《对外使用国徽图案的办法》中，对于涉外部门印章中使用国徽图案有进一步规定，包括：外交部办公厅和有关业务部门；国务院各有关部、委外事司（局）；各省、自治区、直辖市人民政府的外事办公室；计划单列市、经济特区和沿海开放城市人民政府的外事办公室；国家驻外使馆和常驻联合国代表团的领事、经济、商务、军事、文化、科技、教育等业务主管部门；国家办理签证的机关和签发出境入境证件的机关。

相关规定

《国务院关于部委管理的国家局与主管部委关系问题的通知》；《国务院关于国家行政机关和企业事业单位社会团体印章管理的规定》

第七条 下列文书、出版物等应当印有国徽图案：

（一）全国人民代表大会常务委员会、中华人民共和国主席和国务院颁发的荣誉证书、任命书、外交文书；

（二）中华人民共和国主席、全国人民代表大会常务委员会委员长、国务院总理、中央军事委员会主席、最高人民法院院长和最高人民检察院检察长以职务名义对外使用的信封、信笺、请柬等；

（三）全国人民代表大会常务委员会公报、国务院公报、最高人民法院公报和最高人民检察院公报的封面；

（四）国家出版的法律、法规正式版本的封面。

条文主旨

本条是关于应当印有国徽图案的文书、出版物的规定。

立法背景

本法第三条规定，中华人民共和国国徽是中华人民共和国的象征和标志。因此，根据国家权力发出的文书、印刷的出版物，应当印上国徽图案，以示国家权威。

条文解读

一、全国人大常委会、国家主席、国务院颁发的荣誉证书、任命书、外交文书

（一）荣誉证书类。《宪法》第六十七条和《国家勋章和国家荣誉称号法》第六条规定，全国人大常委会决定授予国家的勋章和荣誉称号；《宪法》第八十条和《国家勋章和国家荣誉称号法》第七条规定，国家主席根据全国人大常委会的决定，向国家勋章和国家荣誉称号获得者授予国家勋章、国家荣誉称号奖章，签发证书；《国家勋章和国家荣誉称号法》第八条规定，国家主席进行国事活动，可以直接授予外国政要、国际友人等人士“友谊勋章”。关于国家勋章和荣誉称号的授予范围，《国家勋章和国家荣誉称号法》规定，国家设立“共和国勋章”，授予在中国特色社会主义建设和保卫国家中作出巨大贡献、建立卓越功勋的杰出人士；国家设立“友谊勋章”，授予在我国社会主义现代化建设和促进中外交流合作、维护世界和平中作出杰出贡献的外国人；国家设立国家荣誉称号，授予在经济、社会、国防、外交、教育、科技、文化、卫生、体育等各领域各行业作出重大贡献、享有崇高声誉的杰出人士。共和国勋章和国家荣誉称号，是由全国人大常委会决定、国家主席签发证书并颁授，是最高国家权力机关意志的体现，共和国勋章还是国家最高荣誉；友谊勋章，由国家主席在国事活动中直接授予，是国家元首代表国家的行为。因此，在与这些勋章有关的荣誉证书上，应当印有国徽图案，代表国家的权威和意志。

（二）任命书类。根据宪法和有关国家机关组织法规定，全国人大常委会决定有关人员的人选或者任免，国家主席、国务院总理分别任免或任命有关人员。全国人大常委会、国务院如果对相关人员的任命颁发任命书，应当在任命书上印有国徽图案。

（三）外交文书类。外交文书又称“外交文件”，是进行国际联络和外事活动使用的专用文书。使用于国家及其外交机关、派出机构、外交代表与他国及其外交主管机关之间，或国家与联合国等国际组织之间，有国书、照会、外交公报、全权证书等多种类型。但并非所有外交文书都应当印制国徽图案，只有全国人大常委会、国家主席、国务院颁发的外交文书，才应当印制。如派遣或召回大使时，由国家主席致接使国元首的正式文书，由国家主席签署、外交部长副署，就应当印制国徽图案。

二、中央国家机构领导有关信封、信笺、请柬

中华人民共和国主席是中华人民共和国的国家元首，也是国家机构之一。全国人大常委会委员长负责主持全国人民代表大会常务委员会的工作，是中华人民共和国重要的党和国家领导人之一，国务院是中央人民政府，是最高国家权力机关的执行机关，是最高国家行政机关，实行总理负责制；国务院总理是中华人民共和国的政府首脑。中央军事委员会领导全国武装力量，实行主席负责制。中央军事委员会主席是中央军事委员会的最高负责人。最高人民法院院长是中华人民共和国首席大法官，最高人民检察院检察长是中华人民共和国首席大检察官。因此，上述人员以其职务名义对外发信、发请柬，代表的是国家机构的行为，其信封、信笺和请柬上理应印制国徽图案。如国家主席、国务院总理关于为外国元首、政府首脑举行欢迎宴会的请柬，其封面就印制有国徽图案。

三、中央国家机关的公报封面

中央国家机关公报是国家机关公开发布重大事件或重要决定事项的官方出版物，具有权威性。《全国人大常委会公报》主要登载全国人民代表大会及其常务委员会通过的法律、决定、决议、报告、人事任免以及国务院、中央军事委员会、最高人民法院、最高人民检察院的工作报告和检查法律执行情况的报告，是全国人大及其常委会宣传民主法制建设、宣传人民代表大会制度的重要刊物。立法法规定，在《全国人大常委会公报》上刊登的法律文本为标准文本，进一步明确了《全国人大常委会公报》的法律地位。《国务院公报》集中、准确地刊载：国务院公布的行政法规和决定、命令等文件；国务院批准的有关机构调整、行政区划变动和人事任免的决定；国务院各部门公布的重要规章和文件；国务院领导同志批准登载的其他重要文件。立法法规定，在《国务院公报》上刊登的行政法规和规章文本为标准文本。在《国务院公报》上刊登的各类公文与正式文件具有同等效力。《最高人民法院公报》和《最高人民检察院公报》，是最高人民法院和最高人民检察院的官方公报，用于刊载重要法律、司法解释、司法文件、任免事项、文献和案例等。这些公报代表中央国家机关，上面刊载的都是具有法律效力的文件，代表国家意志，因此应当在其封面印制国徽图案。

四、国家出版的法律、法规正式版本的封面

在我国，法律由全国人大及其常委会制定，由国家主席签署主席令予以公布。法规分为行政法规和地方性法规，行政法规由国务院制定，国务院总理签署国务院令公布；地方性法规由省、自治区、直辖市、设区的市、自治州人大及其常委会制定。法

律、法规是经由最高国家权力机关、最高行政机关和省、自治区、直辖市、设区的市、自治州的地方国家权力机关制定的，是人民意志和国家权力的体现，因此由国家出版的法律法规正式版本的封面，应当印制国徽图案。但是，个人和其他组织自行印制的法律、法规版本不得印制国徽图案。

第八条　外事活动和国家驻外使馆、领馆以及其他外交代表机构对外使用国徽图案的办法，由外交部规定，报国务院批准后施行。

条文主旨

本条是对外活动使用国徽图案的授权规定。

条文解读

外事活动和国家驻外使馆、领馆以及其他外交代表机构对外使用国徽图案有其特殊性，且情形较多，在本法中难以对此作出具体的规定，因此授权外交部规定，并报国务院批准后施行。1991 年 3 月 2 日第七届全国人民代表大会常务委员会第十八次会议通过《国徽法》，同年 10 月 1 日施行。为了在对外活动中正确使用国徽图案，外交部拟定了《对外使用国徽图案的办法》，并经国务院批准后，于 1993 年 9 月 24 日发布施行。该办法主要对应当印有国徽图案的情形以及可以使用国徽图案的情形作了规定。

一、应当印有国徽图案的情形：

（一）中华人民共和国主席、副主席；全国人民代表大会常务委员会委员长、副委员长；国务院总理、副总理、国务委员；中央军事委员会主席、副主席；最高人民法院院长；最高人民检察院检察长；外交部部长；国家和政府的特使；国家驻外使馆、领馆和其他外交代表机构的馆长。以上人员以职务名义使用的外交文书、信笺、信封、请柬、贺卡、赠礼卡等，应当印有国徽图案。

（二）全国人民代表大会常务委员会；国务院；中央军事委员会；最高人民法院；最高人民检察院；外交部；国家驻外使馆、领馆和其他外交代表机构。以上机构使用的外交文书、信笺和信封，应当印有国徽图案。

（三）中华人民共和国、中华人民共和国政府或者中华人民共和国政府部门名义缔结的条约、协定的批准书、核准书、接受书、加入书、方件夹的封面，应当印有国徽图案。

二、可以使用国徽图案的情形：

（一）以中华人民共和国、中华人民共和国政府或者中华人民共和国政府部门名义缔结的条约、协定，可以加封刻有国徽图案的火漆印。

（二）外交部副部长以职务名义使用的外交文书，可以印有国徽图案。

（三）以下机构的印章可以刻有国徽图案：外交部办公厅和有关业务部门；国务院各有关部、委外事司（局）；各省、自治区、直辖市人民政府的外事办公室；计划单列市、经济特区和沿海开放城市人民政府的外事办公室；国家驻外使馆和常驻联合国代表团的领事、经济、商务、军事、文化、科技、教育等业务主管部门；国家办理签证的机关和签发出境入境证件的机关。

（四）下列证件应当印有国徽图案或者印有带国徽图案的印章：中华人民共和国护照和其他具有护照性质的证件；国家办理签证的机关颁发的签证；外交部业务部门为外国驻华使馆、欧洲共同体委员会驻华代表团、阿拉伯联盟驻华代表处、联合国系统组织驻华代表机构的人员和外国驻华新闻机构、记者颁发的有关证件；中华人民共和国外交信使、领事信使的有关证件和外交邮袋、领事邮袋封印；国家驻外使馆、领馆颁发的船舶国籍临时证书；各省、自治区、直辖市人民政府外事办公室为外国驻华领馆的人员和常驻当地的外国新闻机构、记者颁发的有关证件。

（五）国家体育代表团、队参加国际体育比赛时，可以按照有关规定在其人员的服装上使用国徽图案。

（六）在边境重镇及边境重要交通干线等地树立的界碑上可以使用国徽图案。

第九条　在本法规定的范围以外需要悬挂国徽或者使用国徽图案的，由全国人民代表大会常务委员会办公厅或者国务院办公厅会同有关主管部门规定。

条文主旨

本条是对全国人大常委会办公厅、国务院办公厅的授权规定。

立法背景

本法第四条对应当悬挂国徽的机关作了规定。第五条对应当悬挂国徽的场所作出规定。第六条对应当印有国徽图案的机关印章作了规定。第七条对应当印有国徽图案的文书、出版物作了规定。第八条规定了对外使用国徽图案的办法由外交部规定。除了以上情形，在实践中还有一些其他的情况，虽然不属于应当使用国徽图案的情况，但是根据需要可以使用国徽图案。因此，本条授权由全国人大常委会办公厅或者国务院办公厅会同有关主管部门对在本法规定的范围以外需要悬挂国徽或者使用国徽图案的作出规定。

条文解读

一、全国人大常委会办公厅的通知

国徽法颁布以来，一些地方人大常委会陆续提出有关使用国徽图案和悬挂国徽的具体问题。1992 年 1 月 24 日，根据国徽法的规定，全国人大常委会办公厅结合实际需要，就各级人大及其常委会在国徽法规定的范围以外使用国徽图案和悬挂国徽的一些问题，作出了《全国人民代表大会常务委员会办公厅关于执行〈中华人民共和国国徽法〉第九条有关规定的通知》。主要内容有：

（一）可以使用国徽图案的文书、出版物、证件：县级以上各级人民代表大会及其常务委员会的公报、会议文件汇编的封面；有权制定地方性法规的地方人民代表大会常务委员会指定的机构编辑出版的地方性法规汇编的封面；县级以上各级人民代表大会常务委员会颁发的任命书和荣誉证书；各级人民代表大会代表证件和会议证件（包括出席证、列席证、旁听证、工作证、记者证）。

（二）乡、民族乡、镇的人民代表大会举行会议时可以在会场悬挂国徽。

二、国务院办公厅关于国徽图案使用的答复

国徽法颁布施行后，国务院办公厅并未会同有关主管部门对需要悬挂国徽或者使用国徽图案的情形作出抽象性的规定。只是根据实践需要，先后对八家单位关于悬挂国徽或者使用国徽图案方面的请示作了答复。

（一）2002 年 11 月 25 日，《国务院办公厅关于同意在民间组织登记证书上使用国徽图案的复函》（国办函〔2002〕92 号）中提到，根据《中华人民共和国国徽法》的有关规定，同意在“社会团体法人登记证书”“民办非企业单位登记证书”和“社会团体分支（代表）机构登记证书”上使用国徽图案。请严格按照《中华人民共和国国徽法》和《中华人民共和国国徽图案制作说明》的要求正确使用，尊重和爱护国徽，维护国徽的尊严。

（二）2003 年 6 月 19 日，《国务院办公厅关于同意国家质量监督检验检疫总局在局徽上使用国徽图案的复函》（国办函〔2003〕42 号）中提到，依据《中华人民共和国国徽法》的有关规定，同意在国家质量监督检验检疫总局局徽上使用国徽图案，必须正确设计、使用和悬挂，不得将带有国徽图案的局徽使用在商标、广告以及国徽法明确规定禁止使用的其他场合，以尊重和爱护国徽及其图案。

（三）2003 年 11 月 7 日，《国务院办公厅关于同意发行特种邮票时使用国旗国徽图案的复函》（国办函〔2003〕75 号）中提到，同意国家邮政局在 2004 年国庆节发行的《国旗国徽》特种邮票上使用国旗和国徽标准图案。望正确使用，切实维护国旗国徽尊严。

（四）2005 年 8 月 15 日，《国务院办公厅关于同意在国家版图意识教育宣传画上使用国旗、国徽图案的复函》（国办函〔2005〕76 号）中提到，同意在国家版图意识教育宣传画上使用国旗和国徽图案。

（五）2006 年 4 月 29 日，《国务院办公厅关于同意在“中国藏学研究珠峰奖”获奖证书上使用国徽图案的复函》（国办函〔2006〕36 号）中提到，同意在“中国藏学研究珠峰奖”获奖证书上使用国徽图案。请中央统战部监督中国藏学研究中心和中国西藏文化保护与发展协会正确使用，切实维护国徽尊严。

（六）2007 年 1 月 9 日，《国务院办公厅关于同意中央军委外事办公室综合办公楼悬挂国徽的函》（国办函〔2007〕6 号）中提到，同意你办在新建成的综合办公楼悬挂国徽。国徽直径为八十厘米，请严格按照《中华人民共和国国徽法》的规定使用国徽，切实维护国徽尊严。

（七）《国务院办公厅关于同意首都机场新建专机及公务机楼悬挂国徽的函》（国办函〔2007〕56 号）中提到，同意首都机场新建专机及公务机楼悬挂国徽，国徽直径为八十厘米，请严格按照《中华人民共和国国徽法》的规定使用国徽，切实维护国徽尊严。

第十条　国徽及其图案不得用于：

（一）商标、广告；

（二）日常生活的陈设布置；

（三）私人庆典活动；

（四）国务院办公厅规定不得使用国徽及其图案的其他场合。

条文主旨

本条是对国徽及其图案禁止使用的情形的规定。

条文解读

国徽是国家的象征和标志，代表国家的主权和尊严。这一特性决定了国徽不是一般的徽章和图案，国徽及国徽上的图案都被赋予了特殊的象征意义。基于此，国徽必须用于庄重而严肃的场合，不得随意使用。对国徽的不适当使用，损害的不仅仅是国徽的尊严，更是我们国家的尊严。因此，我们一定要注意以正确、适当的方式使用国徽及其图案。本条对禁止使用国徽及其图案的情形作了具体规定。

一、关于国徽及其图案

我国的国徽呈圆形，内容为国旗、天安门、齿轮和麦稻穗。中心部分是红地上的金色天安门城楼。城楼正中上方是一颗大的金色五角星；大星下边，以半弧形环拱四颗小的金色五角星。在国徽的四周，是由两把金色谷穗组成的正圆形的环。在麦稻杆的交叉点上是一个圆形齿轮，齿轮的中心交结着红色绶带。绶带向左右绾住麦稻而下垂，把齿轮分成了上下两部分。除了国徽这个整体不得用作商标和广告、不得用于日常生活的陈设布置、不得用于私人庆吊活动以及国务院办公厅规定不得使用国徽及其图案的其他场合之外，国徽的图案作为国徽的一部分，也不得在上述场合中使用。国徽的图案，既包括标准的国徽图案，也包括在国徽图案的基础上所作的变形。需要注意的是，本条所指的国徽，仅限于中华人民共和国国徽，至于外国国家的国徽及其图案是否可以用作商标、广告，或者用于私人丧事活动，不是本法规定的调整范围。

二、国徽及其图案不得用作商标和广告

商标和广告都是商业活动的具体形式，商业活动以盈利为目的，在商业活动中使用国徽，与国徽是国家的象征和标志，代表国家的主权和尊严这一特性不符，有损国徽的庄严性。因此，国徽法明文禁止在商标和广告中使用国徽及其图案。

（一）关于国徽及其图案不得用作商标

商标是用以区别不同生产经营者所提供的商品或者服务的标志。除了本法，有关国际公约和我国商标法也对国徽不能作为商标使用的标志作了明确规定。例如，《保护工业产权巴黎公约》第六条之三规定，本公约成员国的国旗、国徽、表明实施国家管制和保证的官方标志、检验印记及政府间国际组织的标志均不得作为商标注册和使用。《商标法》第十条规定："下列标志不得作为商标使用：（1）同中华人民共和国的国家名称、国旗、国徽、国歌、军旗、军徽、军歌、勋章等相同或者近似的，以及同中央国家机关的名称、标志、所在地特定地点的名称或者标志性建筑物的名称、图形相同的；（2）……"与国徽法相比，除了均规定国徽图案不得作为商标使用之外，商标法更进一步明确地规定了与国徽相近的图案也不得作为商标使用。与国徽相近的图案，既包括国徽图案的变形，也包括与国徽图案近似的、容易引起混淆，或者虽与国徽图案不完全一致，但明显可以看出与国徽图案的全部或局部元素近似的图案。

（二）关于国徽及其图案不得用作广告

广告是为了某种特定的需要，通过一定形式的媒体，公开而

广泛地向公众传递信息的宣传手段。本条中所说的广告是指狭义的广告，即由商品经营者或者服务提供者承担费用，通过一定媒介和形式直接或者间接地介绍自己所推销的商品或者所提供的服务的商业广告。对于那些不以营利为目的的广告，如为了弘扬社会主旋律、宣传正能量而拍摄的不以营利为目的的公益广告，并不受本条规定的限制，是可以使用国徽及其图案的。除了本条的规定，广告法也对不得使用国徽的情形作了明确规定。《广告法》第九条规定："广告不得有下列情形：（1）使用或者变相使用中华人民共和国的国旗、国歌、国徽，军旗、军歌、军徽……"国徽是国家的象征和标志，在商业广告中使用国徽，是一件极不严肃的事情，将会极大损害国徽的尊严。与国徽法相比，除了均规定不得在广告中使用国徽，广告法还进一步规定禁止在广告中变相使用国徽。变相使用是指没有直接使用国徽及其图案，而是对国徽及其图案作了变形，又能明显看出国徽及其图案的全部或部分元素，从而在广告中加以使用。此外，行政法规对广告中不得使用国徽也作了规定，国务院发布的《广告管理条例》第八条规定，广告有下列内容之一的，不得刊播、设置、张贴："……（3）有中国国旗、国徽、国歌标志、国歌音响的……"

三、国徽及其图案不得用于日常生活的陈设布置

国徽是国家的象征和标志，国徽及其图案的使用应当符合国徽的性质和特性，只能用于严肃、庄重的场合。国徽图案象征中国人民自"五四"运动以来的新民主主义革命斗争和工人阶级领导的、以工农联盟为基础的人民民主专政的新中国的诞生。在平时工作、学习、娱乐等活动中，使用国徽或者国徽的图案是非常不严肃的，是本法所禁止的。

四、国徽及其图案不得用于私人庆吊活动

国徽是国家的象征和标志，为了体现国徽的严肃性和权威性，本条规定，国徽及其图案不得用于私人庆吊活动。私人庆吊活动属于私人行为，即私人的喜事和丧事。在私人庆吊活动中使用国徽及其图案，极不严肃。有一点需要注意，党和国家领导人，以及其他生前为国家作出卓越贡献的人士，由国家成立的治丧机构举行丧葬活动，不属于本条规定的私人庆吊活动，不受本条规定的限制，根据场合布置的需要，可以使用国徽及其图案。在这些为国家作出卓越贡献的人士的丧葬活动中允许使用国徽，是对其生前作出的巨大贡献的褒奖，与国徽所要传达出的精神内涵是一致的。

五、国务院办公厅规定不得使用国徽及其图案的其他场合

为了维护国徽的尊严，防止挂万漏一，本条还对国务院办公厅作了授权，由国务院办公厅对不得使用国徽及其图案的其他场合作出规定。

总之，使用国徽及其图案时，需要掌握的基本原则就是，不得损害国徽的庄重性、严肃性。

第十一条　不得悬挂破损、污损或者不合规格的国徽。

条文主旨

本条是关于悬挂的国徽应当符合法定要求的规定。

立法背景

《国徽法》第三条规定："中华人民共和国国徽是中华人民共

和国的象征和标志。一切组织和公民，都应当尊重和爱护国徽。”国徽是国家的标志，与国旗、国歌一样，是国家的象征之一，代表国家的主权和尊严。尊重和爱护国徽，是法律规定的每个公民和组织的神圣义务。在任何时候，都要庄重、严肃地对待国徽，尊重和爱护国徽，依法使用国徽。悬挂国徽是公民和组织抒发爱国主义情感的一种方式，是国家观念和爱国意识强的表现。为了维护国家的主权和尊严，增强公民的国家观念和爱国意识，加强爱国主义教育，有必要对国徽的悬挂依法进行规范，悬挂国徽应当遵循国徽法的有关规定。《国徽法》第四条、第五条、第十二条对悬挂国徽的机构、场所、通用尺度等分别作出规范，同时在本条对悬挂的国徽提出明确要求。

条文解读

根据本条规定，在法定以及其他规定场所和机构悬挂国徽时，不得使用破损、污损或者不合规格的国徽。依法使用完整、洁净、符合规格的国徽，切实维护国徽尊严，是尊重国徽和维护国家尊严的法定要求。1950 年 6 月 28 日，中央人民政府委员会第八次会议通过《中华人民共和国国徽图案》。同年 9 月 20 日，中央人民政府委员会办公厅公布了《中华人民共和国国徽图案制作说明》。此后的宪法均对国徽作了明确规定，如 1982 年宪法规定：“中华人民共和国国徽，中间是五星照耀下的天安门，周围是谷穗和齿轮。” 1991 年制定国徽法，在第二条作出规定：“中华人民共和国国徽，中间是五星照耀下的天安门，周围是麦稻穗和齿轮。中华人民共和国国徽按照 1950 年中央人民政府委员会通过的《中华人民共和国国徽图案》和中央人民政府委员会办公厅公布的《中华人民共和国国徽图案制作说明》制作。”《中华人民共和国国徽图案》包括国徽图案及对该图案的说明：“国徽的内容为国旗、天安门、齿轮和麦稻穗，象征中国人民自‘五四’运动以来的新民主主义革命斗争和工人阶级领导的、以工农联盟为基础的人民民主专政的新中国的诞生。”

《国徽法》第十二条规定：“悬挂的国徽由国家指定的企业统一制作，其直径的通用尺度为下列三种：（1）一百厘米；（2）八十厘米；（3）六十厘米。在特定场所需要悬挂非通用尺度国徽的，报国务院办公厅批准。”为维护国徽尊严，保证国徽制作质量，《国徽法》第四条第三款还专门作出规定：“国徽由省、自治区、直辖市的人民政府指定的企业制作。”1997 年《国务院办公厅关于指定北京印钞厂等四厂家为悬挂用国徽的制作企业的通知》（国办发〔1997〕13 号）提出，未经指定的企业不得制作悬挂用国徽，指定的企业要严格按照《国徽法》和国家技术监督局技监国标函〔1994〕95 号文关于国徽国家标准的规定制作，有关部门和地方政府要对指定企业加强监督检查和管理。依法悬挂国徽，应当使用符合法定规格、由指定企业制作生产的国徽，以体现对国徽的尊重，维护国徽的尊严。

《国徽法》第十四条规定：“县级以上各级人民政府对国徽的使用，实施监督管理。”根据这一规定，地方各级人民政府负责本行政区域内国徽使用的监督管理，对悬挂使用破损、污损或者不合规格国徽的，要责成有关单位迅速更换和纠正。

相关规定

《中华人民共和国国徽法》第十二条；《中华人民共和国国徽

图案》;《中华人民共和国国徽图案制作说明》;《国务院办公厅关于指定北京印钞厂等四厂家为悬挂用国徽的制作企业的通知》

第十二条 悬挂的国徽由国家指定的企业统一制作,其直径的通用尺度为下列三种:

(一)一百厘米;

(二)八十厘米;

(三)六十厘米。

在特定场所需要悬挂非通用尺度国徽的,报国务院办公厅批准。

条文主旨

本条是关于悬挂国徽的制作及直径尺度的规定。

条文解读

一、悬挂的国徽由国家指定的企业统一制作

本条规范的是悬挂的国徽。悬挂的国徽是指根据本法第四条、第五条的规定,在县级以上各级人民代表大会常务委员会、县级以上各级人民政府、中央军事委员会、各级人民法院和专门人民法院、各级人民检察院和专门人民检察院、外交部、国家驻外使馆、领馆和其他外交代表机构以及乡、民族乡、镇的人民政府等机构悬挂的国徽,在北京天安门城楼、人民大会堂、县级以上各级人民代表大会及其常务委员会会议厅、各级人民法院和专门人民法院的审判庭、出境入境口岸的适当场所等悬挂的国徽,以及根据本法第九条由全国人民代表大会常务委员会办公厅或者

国务院办公厅会同有关主管部门规定需要悬挂国徽的其他场所，比如，国务院办公厅曾于2007年在《国务院办公厅关于同意中央军委外事办公室综合办公楼悬挂国徽的函》（国办函〔2007〕6号）中批准中央军委外事办公室综合办公楼悬挂国徽，国徽直径为八十厘米。这些机构属于国家机构，这些场所属于国家机构的办公场所或代表国家形象的神圣场所，在这些机构和场所悬挂的国徽应当统一制作，确保样式、材质、规格的一致性，保证悬挂用国徽的制作质量，以维护国家机构的权威，维护国徽的神圣和尊严。因此，本条规定，悬挂的国徽由国家指定的企业统一制作。对于国徽的材质，本法未作规定，实践中主要有木质、金属质国徽。关于制作国徽的企业，1997年《国务院办公厅关于指定北京印钞厂等四厂家为悬挂用国徽的制作企业的通知》（国办发〔1997〕13号），指定北京印钞厂等四家企业作为悬挂国徽的制作企业。2006年，国务院办公厅又发布《关于指定悬挂用国徽制作企业的通知》（国办函〔2006〕12号）（以下简称《通知》），适应社会主义市场经济的发展，针对国徽的制作和管理中出现的一些新情况，对国徽制作企业重新进行了指定，具体指定天津三五二二工厂、河北廊坊天平国徽厂、辽宁沈阳市亚东徽标制造有限责任公司、安徽兴皖玻璃钢制品有限公司、浙江温州市吴氏金属制品有限公司、浙江苍南县华徽铝业有限公司等六家企业为悬挂用国徽的制作企业。《通知》同时要求指定的企业要严格按照《国徽法》和国家标准制作悬挂用国徽，并切实做好售后服务工作；有关地区和部门要加强对国徽制作质量的监督和管理；对违反规定的，要取消其制作资格。《通知》还规定，未经指定的企业不得制作悬挂用国徽；原指定企业本次未重新获得指定的，不得再制作悬挂用国徽。这意味着，国务院办公厅 1997 年通知里指定的四家企业自 2006 年起已不具备继续制作悬挂用国徽的资格。

二、关于悬挂国徽的直径通用尺度

本条对一般情况下悬挂国徽的直径的通用尺度作了规定：悬挂国徽的直径的通用尺度包括下列三种：（1）100 厘米；（2）80 厘米；（3）60 厘米。实践中，政府、法院、检察院系统通过发布规范性文件，对本系统内的各级国家机关悬挂国徽的具体直径作了区分，主要是根据国家机关的不同级别，规定了相对应的不同直径尺度的国徽。

（一）县级以上地方各级人民政府悬挂的国徽直径

国务院在 1980 年 7 月 7 日发布的《国务院办公厅关于悬挂国徽等问题给湖北省人民政府办公厅的复函》中，对县级以上地方各级人民政府悬挂国徽的直径作了规定：省、自治区、直辖市人民政府悬挂的国徽，直径为 80 公分；自治州、县、自治县、市、市辖区人民政府及地区行政公署悬挂的国徽，直径为 60 公分。县以上各级人民政府悬挂的国徽由国务院统一制发。

（二）各级人民法院悬挂的国徽直径

1993 年 12 月 8 日，最高人民法院向各省、自治区、直辖市高级人民法院发布了《最高人民法院关于法庭的名称、审判活动区布置和国徽悬挂问题的通知》（法发〔1993〕41 号），通知中规定的各级人民法院国徽直径的通用尺度为：基层人民法院、人民法庭悬挂的国徽，直径为 60 厘米；中级人民法院悬挂的国徽，直径为 60 厘米；高级人民法院悬挂的国徽，直径为 80 厘米；最高人民法院悬挂的国徽，直径为 100 厘米。

（三）各级人民检察院悬挂的国徽直径

最高人民检察院于 1994 年 2 月 23 日发布了《最高人民检察院关于各级检察机关升挂国旗悬挂国徽的通知》，要求各省、自治区、直辖市人民检察院按照通知的规定，根据检察院的级别悬挂相应直径的国徽。各级人民检察院国徽直径的通用尺度为：基层人民检察院（含同级专门人民检察院）悬挂的国徽，直径为 60 厘米；省辖市人民检察院、人民检察院分院（含同级专门人民检察院）悬挂的国徽，直径为 60 厘米；省、自治区、直辖市人民检察院悬挂的国徽，直径为 80 厘米；最高人民检察院悬挂的国徽，直径为 100 厘米。

三、关于在特定场所悬挂非通用尺度国徽

一般情况下，在有关场合悬挂的国徽直径应当是本法规定的通用尺度。在特殊情况下，在特定场所需要悬挂非通用尺度国徽的，需要履行特定的批准手续。本条所说的特定场所，主要是指本法第四条、第五条规定的应当悬挂国徽的机构和场所，以及根据本法第九条由全国人民代表大会常务委员会办公厅或者国务院办公厅会同有关主管部门规定需要悬挂国徽的其他场所。非通用尺度的国徽，是指其直径不是 60 厘米、80 厘米或 100 厘米的国徽。悬挂非通用尺度的国徽，主要是由于悬挂国徽的场所过大或过小，需要悬挂与场所大小相匹配的国徽。如人民大会堂东门上悬挂的国徽，最大处直径约为 6.3 米，悬挂这一大型国徽，主要是为了与人民大会堂高大的建筑结构与恢宏的气势相适应。悬挂非通用尺度的国徽，需要履行特定的批准手续，即报国务院办公厅批准，国务院办公厅是这一事项的主管部门，其他单位需要悬挂非通用尺度的国徽，均须报国务院办公厅批准。《最高人民法

院关于法庭的名称、审判活动区布置和国徽悬挂问题的通知》中也规定，人民法院如遇特殊情况需悬挂非通用尺度国徽时，应按国徽法的规定上报批准，即报国务院办公厅批准。

相关规定

《中华人民共和国国徽法》第四条、第五条；《国务院办公厅关于同意中央军委外事办公室综合办公楼悬挂国徽的函》；《国务院办公厅关于指定北京印钞厂等四厂家为悬挂用国徽的制作企业的通知》；《国务院办公厅关于指定悬挂用国徽制作企业的通知》；《国务院办公厅关于悬挂国徽等问题给湖北省人民政府办公厅的复函》；《最高人民法院关于法庭的名称、审判活动区布置和国徽悬挂问题的通知》；《最高人民检察院关于各级检察机关升挂国旗悬挂国徽的通知》

第十三条　在公众场合故意以焚烧、毁损、涂划、玷污、践踏等方式侮辱中华人民共和国国徽的，依法追究刑事责任；情节较轻的，由公安机关处以十五日以下拘留。

条文主旨

本条是对侮辱国徽的行为追究法律责任的规定。

立法背景

国徽是国家的象征和标志，代表着国家的主权和尊严。很多国家都对侮辱国徽的行为进行处罚。在我国，每一个公民和组织都应当尊重和爱护国徽。《中华人民共和国宪法》第一百三十七条规定：“中华人民共和国国徽，中间是五星照耀下的天安门，周围是谷穗和齿轮。”《中华人民共和国国徽法》对国徽的制作、悬挂及使用作了具体规定。为了维护国徽的尊严，增强公民的国家观念，发扬爱国主义精神，1990 年 6 月 28 日第七届全国人民代表大会常务委员会第十四次会议通过了《关于惩治侮辱中华人民共和国国旗国徽罪的决定》(已失效)，对刑法补充规定：“在公众场合故意以焚烧、毁损、涂划、玷污、践踏等方式侮辱中华人民共和国国旗、国徽的，处三年以下有期徒刑、拘役、管制或者剥夺政治权利。”将侮辱国徽的行为规定为犯罪，从而为宪法的贯彻实施提供了应有的法律保障，也为惩治侮辱国徽的犯罪行为提供了法律依据。1991 年制定的《中华人民共和国国徽法》规定：“在公众场合故意以焚烧、毁损、涂划、玷污、践踏等方式侮辱中华人民共和国国徽的，依法追究刑事责任；情节较轻的，参照治安管理处罚条例的处罚规定，由公安机关处以十五日以下拘留。”1997 年修订的《中华人民共和国刑法》明确了侮辱国徽罪，对侮辱国徽行为应当承担的法律责任作了具体规定，“在公共场合故意以焚烧、毁损、涂划、玷污、践踏等方式侮辱中华人民共和国国徽的，依法追究刑事责任；情节较轻的，参照治安管理处罚条例的处罚规定，由公安机关处以十五日以下拘留。”2009 年 8 月 27 日，根据第十一届全国人民代表大会常务委员会第十次会议《关于修改部分法律的决定》对国徽法进行了修正。由于原来制定的《治安管理处罚条例》修改为《治安管理处罚法》，1990 年通过的《国徽法》相关条款也进行了相应修改，其中“情节较轻的，参照治安管理处罚条例的处罚规定，由公安机关处以十五日以下拘留”删去“参照治安管理处罚条例的处罚规定”。

条文解读

为了维护国徽的尊严和使用国徽的严肃性，本条规定，在公众场合故意以焚烧、毁损、涂划、玷污、践踏等方式侮辱中华人民共和国国徽和国徽图案的，依法追究刑事责任；情节较轻的，由公安机关处以十五日以下拘留。以下内容主要从刑事责任方面进行解读，对于在行为的时间和地点、手段和方法、动机和结果、行为人的一贯表现、态度等方面情节较轻的，追究其行政责任。

一、行为对象

关于中华人民共和国国徽的范围，包括根据国徽法、国徽图案制作说明规定由法定企业制作国徽。对于是否还包括印刷、手绘等方式制作的国徽图案，有不同的观点。一种观点认为，如果侮辱的属不合规格的国徽或自制国徽，就不构成侮辱国徽罪。国徽的范围应以法律规定为标准。首先，国徽应符合法定的规格，具体标准应根据国徽法、国徽图案制作说明来确定。其次，国徽应由法定企业制作。因此，如果侮辱的属不合规格的国徽或自制的国徽，就不构成本罪。有一种观点认为，这里国徽的范围包括不合规格的国徽，其理由在于侮辱这些非标准制作的国徽，也会使人认为损害了国徽的尊严。我们认为，一些人为了发泄对国家、政府的不满，侮辱非标准制作的国徽，也应视为对国徽象征的国家尊严进行了侮辱，理应属于侮辱国徽罪的范围之内。境外一些地区也有类似的法律规定，如我国香港地区《国旗及国徽条例》规定，如有国旗或国徽的复制本并非与国旗或国徽完全相同，但其相似程度足以使人相信它就是国旗或国徽，则就本条例而言，该复制本被视为是国旗或国徽。我国澳门地区《国旗、国徽及国歌的使用保护》规定："第一款及上款第一项的规定适用于侮辱对象为国家象征的复制本的情况，但复制本除必须与原本明显相似外，还须足以令公众以为是国家象征。"印度等国家也有类似的立法例。

二、行为内容

在客观方面，行为人必须具有在公众场合以焚烧、毁损、涂划、玷污、践踏等方式侮辱国徽的行为。

（一）侮辱国徽的行为方式主要表现为焚烧、毁损、涂划、玷污、践踏及其他形式。所谓焚烧，是指经过点燃、燃烧、熔融等方式，经过高温下的氧化进行减容、热分解，使国徽毁损部分或者化为残渣；所谓毁损，是指通过肢体或者借助器械等以撕裂、捣碎、撕碎等方法使国徽整体变残、变形、缺损成为碎片；所谓涂划，是指用笔、油漆、涂料等有色物品在国徽上任意乱涂乱画、或者有意刻画带有侮辱性的图案、图形、文字等，以破坏国徽的严肃性、整洁性；所谓玷污，是指以水渍、粘物、火燎等方式使国徽出现污渍；所谓践踏，是指采取脚踏、车轮碾轧等方式侮辱国徽；其他方式是指以上述五种方式以外的其他使国徽受到侮辱的方式。近年来也发生过采取上述方式侮辱国徽受到处罚的行为，如2004年刘某对镇政府调解工作不满，将悬挂在镇政府办公大楼外墙壁上的国徽取下砸成三块，最后被法院认定其在公共场所故意毁损、侮辱国徽，构成侮辱国徽罪。

（二）侮辱国徽的行为必须发生在公众场合。"公众场合"，一是指悬挂国旗、国徽的公共场所或者国家机关所在地，二是指人群聚集的公共场所。即使是私人场所，但由于参与人员比较多，或者活动的性质不具有私密性，也属于"公众场合"。公众场合主要是指包括国徽法第四条、第五条规定的场合，即：(1) 悬挂国徽的机构：县级以上各级人民代表大会常务委员会、县级以上各级人民政府、中央军事委员会、各级人民法院和专门人民法院、各级人民检察院和专门人民检察院、外交部，国家驻外使（领）馆和其他外交代表机构；乡、民族乡、镇的人民政府。(2) 悬挂国徽的场所有：北京天安门城楼、人民大会堂、县级以上各级人民代表大会及其常务委员会会议厅、各级人民法院和专门人民法院的审判庭、出境入境口岸的适当场所。(3) 全国人民代表大会常务委员会办公厅或者国务院办公厅会同主管部门规定的其他需要悬挂国徽的场所。此外，还包括其他有公众出入的场所，如街道、码头、商店等。侮辱国徽的行为必须带有公开性，明目张胆地在众人在场或能使多人知晓的情况下进行侮辱。行为人如果将国徽受侮辱后的不法状态呈现在能够使众人看到的地方并被众人知晓或可能被众人知晓的，也应视为具有公开侮辱的性质。否则即使行为人侮辱了国徽，但不具有公开性，如在晚上行为人在某一公共场合实施了侮辱国徽的行为，当时根本不可能被众人知晓，而行为人又及时消除了国徽被侮辱的痕迹，则这种行为不构成本罪。

（三）侮辱国徽的行为应达到一定的程度才构成犯罪。《国徽法》第十三条同样规定，情节较轻的，由公安机关处十五日以下拘留。显然并非所有侮辱国徽的违法行为都构成犯罪，只有实施了侮辱国徽的行为，而又不属于情节显著轻微危害不大及情节较轻的，才构成本罪。具体判断侮辱国徽行为的危害程度，可以从以下几方面考虑：(1) 侮辱手段是否恶劣，是采用动物粪便还是手撕等方式，危害性有所不同。(2) 侮辱对象的数量及侮辱次数的多少，侮辱少量国徽与大量国徽有所不同。(3) 侮辱的动机如何。如出于仇视国家的政策方针、法律法规等动机与纯粹是为发泄个人私愤等动机危害性显然不同。(4) 社会影响的大小。如侮辱天安门城楼悬挂的国徽与侮辱书本印刷的国徽图案影响大小显然不一样，其危害性大小也就不同。(5) 造成的危害后果。如撕碎国徽与少量水渍污染国徽显然不同。(6) 行为人案发后的态度。如行为人是主动交代或积极消除影响，还是拒不认罪。如果从以上几方面因素考虑，认为行为人的情节属于较轻的或显著轻微危害不大的，则不能以犯罪论处。

三、主观目的

侮辱国徽罪的直接目的是损害国家的尊严。实际情况中，行为人多数是为了发泄对国家的不满或者为了出风头、逞威风、寻求精神刺激而实施的，损害了国家尊严，属于侮辱国徽罪。当然，如果行为人以侮辱国徽为手段，辅之以其他行为，目的在于推翻我国国家政权和社会主义制度，颠覆人民政府，则此行为已构成危害国家安全罪，不能再以侮辱国徽罪论处。如果行为人侮辱国徽的同时，寻衅滋事、扰乱社会秩序危害严重的，可以侮辱国徽罪和寻衅滋事罪、扰乱社会秩序罪并处。如果从侮辱国徽行为的手段、动机、后果、次数，侮辱国徽的数量等方面综合考虑，认为属于情节较轻或情节显著轻微，危害不大的，就不构成犯罪。

四、其他

行为人出于占有目的而拆走国徽，或在公众场所抢走国徽，即使在盗窃、抢夺或抢劫过程中侮辱了国徽，也应按盗窃、抢夺或抢劫罪论处。还有的行为人以暴力方法妨碍审判人员、检察人员依法执行职务时侮辱了其佩带的国徽甚至砸坏了审判庭内悬挂的国徽的，或者行为人以满足无理要求为目的，聚众以各种手段在机关、单位、团体门前或院内肆意哄闹，有侮辱国徽情况发生的，应按妨害公务罪、扰乱法庭秩序罪、扰乱社会秩序罪分别与侮辱国徽罪比较，以处罚法定刑最重的一罪定罪量刑。

相关规定

《中华人民共和国刑法》第二百九十九条；《中华人民共和国国旗法》第十九条

第十四条　县级以上各级人民政府对国徽的使用，实施监督管理。

条文主旨

本条是关于县级以上各级人民政府对国徽使用进行监管的规定。

立法背景

国徽是国家的象征和标志，代表着国家的主权和尊严，在维护国家统一与安定、增强公民的国家观念、弘扬爱国主义精神等方面起着重要作用。为了维护国徽的尊严、培育和践行社会主义核心价值观，本法规定了县级以上各级人民政府对国徽使用进行监督管理的职责。

条文解读

一、关于监督管理的职责主体

根据宪法的规定，中华人民共和国国务院，即中央人民政府，是最高国家权力机关的执行机关，是最高国家行政机关。地方各级人民政府是地方各级国家权力机关的执行机关，是地方各级国家行政机关，包括省、自治区、直辖市、设区的市、自治州、县、自治县、市辖区的人民政府。本法对国徽的悬挂、印制、使用和保护作了规定，县级以上各级人民政府作为国家行政机关，负有执行法律的职责。

二、关于监督管理的职责内容

县级以上各级人民政府要严格按照本法的要求对国徽的使用进行严格监管，切实根据法律、行政法规、国务院决定和命令等文件，保护好国徽，维护国徽的权威。在平时要加强管理，保证国徽的合法使用；出现违反法律法规有关规定情形的，如将国徽图案用于商标、广告、日常生活的陈设布置、私人庆吊活动等，悬挂破损、污损或者不合规格的国徽，要及时监督，予以制止纠正。

在我国县级以上各级人民政府，都设有若干工作部门，负责各方面的工作。在监督管理国徽使用方面，各部门也应当各司其职，各负其责。如出现在商标、广告上使用国徽图案的，工商部门要及时进行监督纠正；如出现在公共场合故意以焚烧、毁损、涂划、玷污、践踏方式侮辱国徽的，公安机关要及时介入调查，对相关人员立案侦查。

第十五条　本法自 1991 年 10 月 1 日起施行。

条文主旨

本条是关于法律施行时间的规定。

条文解读

本条规定《中华人民共和国国徽法》从 1991 年 10 月 1 日起

正式施行。国徽是国家的标志和象征，确定国徽法从10月1日起施行具有重要的象征意义，不仅为本法的施行留出必要的宣传准备时间，也有助于广大人民群众铭记历史，激发爱国主义情感。中华人民共和国国庆节是中华人民共和国的成立纪念日。1949年10月1日，北京天安门广场举行了开国大典，中华人民共和国中央人民政府正式成立。中国人民政治协商会议第一届全国委员会第一次会议于1949年10月9日在中南海勤政殿举行。会议选举产生第一届政协全国委员会主席、副主席、常务委员和秘书长。政协第一届全国委员马叙伦因病委托委员许广平向会议提出“请政府明定10月1日为中华人民共和国国庆日，以代替10月10日的旧国庆日”的建议案，会议决定送请中央人民政府采择施行。1949年12月2日，中央人民政府委员会第四次会议通过《关于中华人民共和国国庆日的决议》，宣告：“自一九五零年起，即以每年的十月一日，即中华人民共和国宣告成立的伟大日子，为中华人民共和国的国庆日。”为了对本法的施行做必要的宣传准备，采取了公布日和生效日不一致的做法，本条规定《中华人民共和国国徽法》从1991年10月1日起正式施行。

相关规定

《中华人民共和国国歌法》第十六条；《中华人民共和国国旗法》第二十条

附　录

中华人民共和国国旗法

（1990年6月28日第七届全国人民代表大会常务委员会第十四次会议通过　根据2009年8月27日第十一届全国人民代表大会常务委员会第十次会议《关于修改部分法律的决定》修正）

第一条　为了维护国旗的尊严，增强公民的国家观念，发扬爱国主义精神，根据宪法，制定本法。

第二条　中华人民共和国国旗是五星红旗。

中华人民共和国国旗按照中国人民政治协商会议第一届全体会议主席团公布的国旗制法说明制作。

第三条　中华人民共和国国旗是中华人民共和国的象征和标志。

每个公民和组织，都应当尊重和爱护国旗。

第四条　地方各级人民政府对本行政区域内国旗的升挂和使用，实施监督管理。

外交部、国务院交通主管部门、中国人民解放军总政治部对各自管辖范围内国旗的升挂和使用，实施监督管理。

国旗由省、自治区、直辖市的人民政府指定的企业制作。

第五条　下列场所或者机构所在地，应当每日升挂国旗：

（一）北京天安门广场、新华门；

（二）全国人民代表大会常务委员会，国务院，中央军事委员会，最高人民法院，最高人民检察院；

中国人民政治协商会议全国委员会；

（三）外交部；

（四）出境入境的机场、港口、火车站和其他边境口岸，边防海防哨所。

第六条 国务院各部门，地方各级人民代表大会常务委员会、人民政府、人民法院、人民检察院，中国人民政治协商会议地方各级委员会，应当在工作日升挂国旗。

全日制学校，除寒假、暑假和星期日外，应当每日升挂国旗。

第七条 国庆节、国际劳动节、元旦和春节，各级国家机关和各人民团体应当升挂国旗；企业事业组织，村民委员会、居民委员会，城镇居民院（楼）以及广场、公园等公共活动场所，有条件的可以升挂国旗。

不以春节为传统节日的少数民族地区，春节是否升挂国旗，由民族自治地方的自治机关规定。

民族自治地方在民族自治地方成立纪念日和主要传统民族节日，可以升挂国旗。

第八条 举行重大庆祝、纪念活动，大型文化、体育活动，大型展览会，可以升挂国旗。

第九条 外交活动以及国家驻外使馆领馆和其他外交代表机构升挂、使用国旗的办法，由外交部规定。

第十条 军事机关、军队营区、军用舰船，按照中央军事委员会的有关规定升挂国旗。

第十一条 民用船舶和进入中国领水的外国船舶升挂国旗的办法，由国务院交通主管部门规定。

公安部门执行边防、治安、消防任务的船舶升挂国旗的办法，由国务院公安部门规定。

第十二条 依照本法第五条、第六条、第七条的规定升挂国旗的，应当早晨升起，傍晚降下。

依照本法规定应当升挂国旗的，遇有恶劣天气，可以不升挂。

第十三条 升挂国旗时，可以举行升旗仪式。

举行升旗仪式时，在国旗升起的过程中，参加者应当面向国旗肃立致敬，并可以奏国歌或者唱国歌。

全日制中学小学，除假期外，每周举行一次升旗仪式。

第十四条 下列人士逝世，下半旗志哀：

（一）中华人民共和国主席、全国人民代表大会常务委员会委员长、国务院总理、中央军事委员会主席；

（二）中国人民政治协商会议全国委员会主席；

（三）对中华人民共和国作出杰出贡献的人；

（四）对世界和平或者人类进步事业作出杰出贡献的人。

发生特别重大伤亡的不幸事件或者严重自然灾害造成重大伤亡时，可以下半旗志哀。

依照本条第一款（三）、（四）项和第二款的规定下半旗，由国务院决定。

依照本条规定下半旗的日期和场所，由国家成立的治丧机构或者国务院决定。

第十五条 升挂国旗，应当将国旗置于显著的位置。

列队举持国旗和其他旗帜行进时，国旗应当在其他旗帜之前。

国旗与其他旗帜同时升挂时，应当将国旗置于中心、较高或者突出的位置。

在外事活动中同时升挂两个以上国家的国旗时，应当按照外交部的规定或者国际惯例升挂。

第十六条 在直立的旗杆上升降国旗，应当徐徐升降。升起时，必须将国旗升至杆顶；降下时，不得使国旗落地。

下半旗时，应当先将国旗升至杆顶，然后降至旗顶与杆顶之间的距离为旗杆全长的 1/3 处；降下时，应当先将国旗升至杆顶，然后再降下。

第十七条 不得升挂破损、污损、褪色或者不合规格的国旗。

第十八条 国旗及其图案不得用作商标和广告，不得用于私人丧事活动。

第十九条 在公众场合故意以焚烧、毁损、涂划、玷污、践踏等方式侮辱中华人民共和国国旗的，依法追究刑事责任；情节较轻的，由公安机关处以十五日以下拘留。

第二十条 本法自1990年10月1日起施行。

附：

国旗制法说明

（1949年9月28日中国人民政治协商会议第一届全体会议主席团公布）

国旗的形状、颜色两面相同，旗上五星两面相对。为便利计，本件仅以旗杆在左之一面为说明之标准。对于旗杆在右之一面，凡本件所称左均应改右，所称右均应改左。

（一）旗面为红色，长方形，其长与高为3与2之比，旗面左上方缀黄色五角星5颗。一星较大，其外接圆直径为旗高3/10，居左；四星较小，其外接圆直径为旗高1/10，环拱于大星之右。旗杆套为白色。

（二）五星之位置与画法如下：

甲、为便于确定五星之位置，先将旗面对分为4个相等的长方形，将左上方之长方形上下划为10等分，左右划为15等分。

乙、大五角星的中心点，在该长方形上5下5、左5右10之处。其画法为：以此点为圆心，以3等分为半径作一圆。在此圆周上，定出5个等距离的点，其一点须位于圆之正上方。然后将此5点中各相隔的两点相联，使各成一直线。此5直线所构成之外轮廓线，即为所需之大五角星。五角星之一个角尖正向上方。

丙、4颗小五角星的中心点，第一点在该长方形上2下8、左10右

5 之处，第二点在上 4 下 6、左 12 右 3 之处，第三点在上 7 下 3、左 12 右 3 之处，第四点在上 9 下 1、左 10 右 5 之处。其画法为：以以上 4 点为圆心，各以 1 等分为半径，分别作 4 个圆。在每个圆上各定出 5 个等距离的点，其中均须各有一点位于大五角星中心点与以上 4 个圆心的各联结线上。然后用构成大五角星的同样方法，构成小五角星。此 4 颗小五角星均各有一个角尖正对大五角星的中心点。

（三）国旗之通用尺度定为如下 5 种，各界酌情选用：

甲、长 288 公分，高 192 公分。

乙、长 240 公分，高 160 公分。

丙、长 192 公分，高 128 公分。

丁、长 144 公分，高 96 公分。

戊、长 96 公分，高 64 公分。

中华人民共和国国旗制法图案（略）

中华人民共和国国旗图案（略）

中华人民共和国国歌法

（2017 年 9 月 1 日第十二届全国人民代表大会常务委员会第二十九次会议通过　2017 年 9 月 1 日中华人民共和国主席令第 75 号公布　自 2017 年 10 月 1 日起施行）

第一条　为了维护国歌的尊严，规范国歌的奏唱、播放和使用，增强公民的国家观念，弘扬爱国主义精神，培育和践行社会主义核心价值观，根据宪法，制定本法。

第二条　中华人民共和国国歌是《义勇军进行曲》。

第三条　中华人民共和国国歌是中华人民共和国的象征和标志。

一切公民和组织都应当尊重国歌，维护国歌的尊严。

第四条 在下列场合，应当奏唱国歌：

（一）全国人民代表大会会议和地方各级人民代表大会会议的开幕、闭幕；

中国人民政治协商会议全国委员会会议和地方各级委员会会议的开幕、闭幕；

（二）各政党、各人民团体的各级代表大会等；

（三）宪法宣誓仪式；

（四）升国旗仪式；

（五）各级机关举行或者组织的重大庆典、表彰、纪念仪式等；

（六）国家公祭仪式；

（七）重大外交活动；

（八）重大体育赛事；

（九）其他应当奏唱国歌的场合。

第五条 国家倡导公民和组织在适宜的场合奏唱国歌，表达爱国情感。

第六条 奏唱国歌，应当按照本法附件所载国歌的歌词和曲谱，不得采取有损国歌尊严的奏唱形式。

第七条 奏唱国歌时，在场人员应当肃立，举止庄重，不得有不尊重国歌的行为。

第八条 国歌不得用于或者变相用于商标、商业广告，不得在私人丧事活动等不适宜的场合使用，不得作为公共场所的背景音乐等。

第九条 外交活动中奏唱国歌的场合和礼仪，由外交部规定。

军队奏唱国歌的场合和礼仪，由中央军事委员会规定。

第十条 在本法第四条规定的场合奏唱国歌，应当使用国歌标准演奏曲谱或者国歌官方录音版本。

外交部及驻外外交机构应当向有关国家外交部门和有关国际组织提供国歌标准演奏曲谱和国歌官方录音版本，供外交活动中使用。

国务院体育行政部门应当向有关国际体育组织和赛会主办方提供国歌标准演奏曲谱和国歌官方录音版本，供国际体育赛会使用。

国歌标准演奏曲谱、国歌官方录音版本由国务院确定的部门组织审定、录制，并在中国人大网和中国政府网上发布。

第十一条 国歌纳入中小学教育。

中小学应当将国歌作为爱国主义教育的重要内容，组织学生学唱国歌，教育学生了解国歌的历史和精神内涵、遵守国歌奏唱礼仪。

第十二条 新闻媒体应当积极开展对国歌的宣传，普及国歌奏唱礼仪知识。

第十三条 国庆节、国际劳动节等重要的国家法定节日、纪念日，中央和省、自治区、直辖市的广播电台、电视台应当按照国务院广播电视主管部门规定的时点播放国歌。

第十四条 县级以上各级人民政府及其有关部门在各自职责范围内，对国歌的奏唱、播放和使用进行监督管理。

第十五条 在公共场合，故意篡改国歌歌词、曲谱，以歪曲、贬损方式奏唱国歌，或者以其他方式侮辱国歌的，由公安机关处以警告或者十五日以下拘留；构成犯罪的，依法追究刑事责任。

第十六条 本法自 2017 年 10 月 1 日起施行。

附件：中华人民共和国国歌（五线谱版、简谱版）

中华人民共和国国歌

（义勇军进行曲）

田　汉作词
聂　耳作曲

进行曲速度

中华人民共和国国歌

（义勇军进行曲）

1＝G $\frac{2}{4}$

进行曲速度

田　汉作词

聂　耳作曲

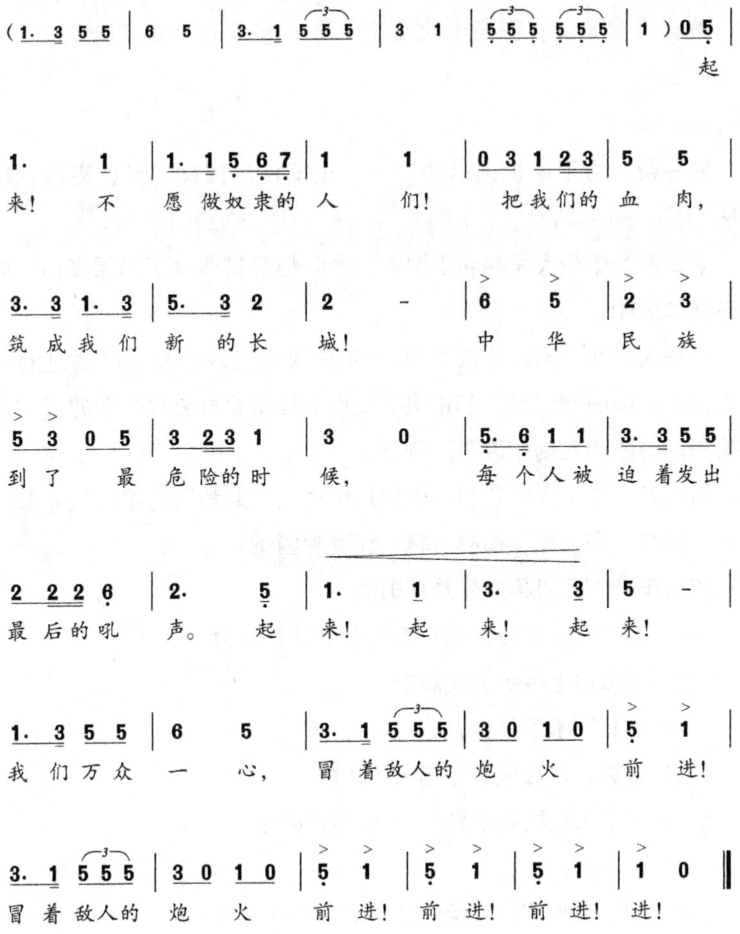

中华人民共和国国徽法

（1991 年 3 月 2 日第七届全国人民代表大会常务委员会第十八次会议通过　根据 2009 年 8 月 27 日第十一届全国人民代表大会常务委员会第十次会议《关于修改部分法律的决定》修正）

第一条　为了维护国徽的尊严，正确使用国徽，根据宪法，制定本法。

第二条　中华人民共和国国徽，中间是五星照耀下的天安门，周围是谷穗和齿轮。

中华人民共和国国徽按照 1950 年中央人民政府委员会通过的《中华人民共和国国徽图案》和中央人民政府委员会办公厅公布的《中华人民共和国国徽图案制作说明》制作。

第三条　中华人民共和国国徽是中华人民共和国的象征和标志。

一切组织和公民，都应当尊重和爱护国徽。

第四条　下列机构应当悬挂国徽：

（一）县级以上各级人民代表大会常务委员会；

（二）县级以上各级人民政府；

（三）中央军事委员会；

（四）各级人民法院和专门人民法院；

（五）各级人民检察院和专门人民检察院；

（六）外交部；

（七）国家驻外使馆、领馆和其他外交代表机构。

乡、民族乡、镇的人民政府可以悬挂国徽，具体办法由省、自治区、直辖市的人民政府根据实际情况规定。

国徽应当悬挂在机关正门上方正中处。

第五条 下列场所应当悬挂国徽：

(一) 北京天安门城楼，人民大会堂；

(二) 县级以上各级人民代表大会及其常务委员会会议厅；

(三) 各级人民法院和专门人民法院的审判庭；

(四) 出境入境口岸的适当场所。

第六条 下列机构的印章应当刻有国徽图案：

(一) 全国人民代表大会常务委员会，国务院，中央军事委员会，最高人民法院，最高人民检察院；

(二) 全国人民代表大会各专门委员会和全国人民代表大会常务委员会办公厅、工作委员会，国务院各部、各委员会、各直属机构、国务院办公厅以及国务院规定应当使用刻有国徽图案印章的办事机构，中央军事委员会办公厅以及中央军事委员会规定应当使用刻有国徽图案印章的其他机构；

(三) 县级以上地方各级人民代表大会常务委员会、人民政府、人民法院、人民检察院，专门人民法院，专门人民检察院；

(四) 国家驻外使馆、领馆和其他外交代表机构。

第七条 下列文书、出版物等应当印有国徽图案：

(一) 全国人民代表大会常务委员会、中华人民共和国主席和国务院颁发的荣誉证书、任命书、外交文书；

(二) 中华人民共和国主席、全国人民代表大会常务委员会委员长、国务院总理、中央军事委员会主席、最高人民法院院长和最高人民检察院检察长以职务名义对外使用的信封、信笺、请柬等；

(三) 全国人民代表大会常务委员会公报、国务院公报、最高人民法院公报和最高人民检察院公报的封面；

(四) 国家出版的法律、法规正式版本的封面。

第八条 外事活动和国家驻外使馆、领馆以及其他外交代表机构对外使用国徽图案的办法，由外交部规定，报国务院批准后施行。

第九条 在本法规定的范围以外需要悬挂国徽或者使用国徽图案的，由全国人民代表大会常务委员会办公厅或者国务院办公厅会同有关主管部门规定。

第十条 国徽及其图案不得用于：

（一）商标、广告；

（二）日常生活的陈设布置；

（三）私人庆典活动；

（四）国务院办公厅规定不得使用国徽及其图案的其他场合。

第十一条 不得悬挂破损、污损或者不合规格的国徽。

第十二条 悬挂的国徽由国家指定的企业统一制作，其直径的通用尺度为下列3种：

（一）100厘米；

（二）80厘米；

（三）60厘米。

在特定场所需要悬挂非通用尺度国徽的，报国务院办公厅批准。

第十三条 在公众场合故意以焚烧、毁损、涂划、玷污、践踏等方式侮辱中华人民共和国国徽的，依法追究刑事责任；情节较轻的，由公安机关处以十五日以下拘留。

第十四条 县级以上各级人民政府对国徽的使用，实施监督管理。

第十五条 本法自1991年10月1日起施行。

附件一：

中华人民共和国国徽图案（略）

说明：国徽的内容为国旗、天安门、齿轮和麦稻穗，象征中国人民自“五四”运动以来的新民主主义革命斗争和工人阶级领导的以工农联盟为基础的人民民主专政的新中国的诞生。

中华人民共和国国徽图案制作说明

（1950年9月20日中央人民政府委员会办公厅公布）

一、两把麦稻组成正圆形的环。齿轮安在下方麦稻杆的交叉点上。齿轮的中心交结着红绶。红绶向左右绾住麦稻而下垂，把齿轮分成上下两部。

二、从图案正中垂直画一直线，其左右两部分，完全对称。

三、图案各部分之地位、尺寸，可根据方格墨线图之比例，放大或缩小。

四、如制作浮雕，其各部位之高低，可根据断面图之比例放大或缩小。

五、国徽之涂色为金红2色：麦稻、五星、天安门、齿轮为金色，圆环内之底子及垂绶为红色；红为正红（同于国旗），金为大赤金（淡色而有光泽之金）。

附件二：

全国人民代表大会常务委员会关于惩治侮辱中华人民共和国国旗国徽罪的决定（略）①

---

① 本决定已被《中华人民共和国刑法》废止。

国务院法制局关于《中华人民共和国国旗法（草案)》的说明

——1990年2月19日在第七届全国人民代表大会常务委员会第十二次会议上

国务院法制局局长　孙琬钟

我受国务院的委托，现就《中华人民共和国国旗法（草案)》（以下简称《草案》）作如下说明：

一、关于制定《中华人民共和国国旗法》的必要性

国旗是国家的标志，代表国家的主权和尊严。世界各国国旗的式样、图案、色彩和使用办法，均由宪法和专门法律规定。我国历次颁布的宪法也都对国旗的样式做了原则规定，但对国旗的悬挂或使用，国旗图案的具体布局等事项，则一直没有具体法律规定。实践中，国旗的使用比较混乱，国旗的制作也不统一。为了维护国家的主权和尊严，增强公民的国家观念和爱国意识，加强爱国主义教育，制定一部专门的国旗法，完善国旗方面的法律规定，是非常必要的。

二、关于国旗的构成

各国国旗的区别，主要表现在国旗的具体构成（如国旗的形状、颜色、图案等具体要素）的不同。因此，国旗的构成，是国旗法中非常重要的一个问题。对此，《草案》作了具体规定："中华人民共和国国旗是五星红旗。旗面为红色，长方形，长度和高度的比例是三比二。五颗星是黄色五角星，位于旗面左上方，其中左侧一颗大星的外接圆直径为旗高的十分之三，环拱于大星右侧的四颗小星的外接圆直径为旗高的十分之一，四颗小星都有一角正对大星的中心（以旗杆在旗面左边为标准，旗杆在旗面右边则相反）。”

三、关于升挂国旗的范围

升挂国旗是公民国家观念和爱国意识强的一种表现。《草案》中分三种情况规定了升挂国旗的范围：一是各级人民代表大会常务委员会，县级以上人民政府、人民法院、人民检察院、中国人民政治协商会议，中央军事委员会，国务院各部委；各政党中央委员会；全日制各类学校；民用机场、港口、边防检查站、边境口岸和县级以上人民政府所在地的火车站；国家驻外使领馆及其他外交代表机构等，应当每日升挂国旗。二是社会团体和企业、事业单位，应当在国庆日、元旦、国际劳动节升挂国旗。三是举办重大国事活动、体育运动会和其他重大活动，应当升挂国旗。为了鼓励公民升挂国旗，《草案》还规定，在国庆日、元旦、国际劳动节等节日里，国家鼓励公民以家庭为单位升挂国旗。

四、关于升降国旗的时间

关于国旗升降的时间，《草案》作了原则规定，即一般情况下国旗的升降时间是，早晨日出之际升起，傍晚日落之际降下。

五、关于下半旗

关于下半旗包括下半旗的适用条件和决定下半旗的机关，《草案》作了具体规定。其中，关于下半旗的适用条件除肯定了我国长期以来的实际作法，即国家主要领导人逝世后可以下半旗外，还规定了三种情况：一是为了增强公民的爱国意识，表彰那些为中华民族作出杰出贡献的人，规定“对中华民族作出杰出贡献的人”逝世后可以下半旗；二是为了表明我国的国际主义态度，参照外国的作法，规定“为世界和平或者人类进步事业作出杰出贡献的人”逝世后可以下半旗；三是为了表示国家对重大伤亡事故或者因重大自然灾害造成人员伤亡的哀悼，规定“发生特别重大伤亡事故或者因重大自然灾害造成人员伤亡时”可以下半旗。

我的说明完了，请审议。

全国人大法律委员会对《中华人民共和国国旗法（草案）》审议结果的报告

——1990年6月20日在第七届全国人民代表大会常务委员会第十四次会议上

全国人大法律委员会副主任委员　项淳一

七届全国人大常委会第十二次和第十三次会议对国旗法（草案）进行了审议，法律委员会和法制工作委员会还将草案印发各省、自治区、直辖市征求意见，并邀请中央和北京市有关部门以及一些法律专家开了5次座谈会。法律委员会于1990年5月24日、30日召开会议，根据常委委员们的审议意见和各方面的意见，审议了国旗法（草案）。法律委员会认为，为了维护国旗的尊严，增强公民的国家观念，发扬爱国主义精神，制定这个法很有必要，草案基本上是可行的。同时，提出以下修改意见：

一、草案第二条第二款规定了国旗的标准制作方法。考虑到中华人民共和国国旗是1949年9月中国人民政治协商会议第一届全体会议通过的，会议主席团同时公布的国旗制法说明是国旗的法定制法，现在国旗仍应按照这个说明制作，本法可以不再具体规定。因此，建议将这一款修改为："中华人民共和国国旗按照中国人民政治协商会议第一届全体会议主席团公布的国旗制法说明制作。"（修改稿第二条第二款）并建议将第一届全国政协主席团公布的国旗制法说明在本法公布的同时重新公布。

二、草案第五条规定，国庆日、元旦和国际劳动节，社会团体和企业、事业单位应当升挂国旗；国家鼓励公民以家庭为单位升挂国旗。许多委员和地方、部门提出，升挂国旗的节日应当增加春节；规定鼓励以家庭为单位升挂国旗，难以执行。有的委员和民族自治地方提出，应当规定自治区、自治州、自治县成立纪念日和传统民族节日，当地可以升挂国旗。因此，建议将这一条修改为：

“国家规定全国普遍放假的国庆节、国际劳动节、元旦、春节，各级国家机关和各人民团体应当升挂国旗；企业事业组织、城镇居民院（楼）以及广场、公园等公共活动场所，有条件的可以升挂国旗。

“不以春节为传统节日的少数民族地区，春节可以不升挂国旗。

“民族自治地方在民族自治地方成立纪念日和传统民族节日，可以升挂国旗。”（修改稿第八条）

三、有些委员和部门提出，外交活动中和驻外使馆领馆升挂、使用国旗的问题，船舶、军舰升挂国旗的问题，本法应当作出原则规定。因此，经征求有关主管部门的意见，建议增加规定：

“外交活动以及国家驻外使馆领馆和其他外交代表机构，按照外交部的规定升挂、使用国旗。”（修改稿第十条）

“军事机关、军队营区、军用舰船，按照有关军事条令的规定升挂国旗。”（修改稿第十一条）

“民用船舶和进入中国领水的外国船舶，按照国务院交通主管部门的规定升挂国旗。”“公安部门执行边防、治安、消防任务的船舶，按照国务院公安部门的规定升挂国旗。”（修改稿第十二条）

四、根据有些委员、地方、部门和专家的意见，建议对升旗仪式、升挂国旗的方式以及下半旗的方式，增加以下规定：

1. “升挂国旗时，可以举行升旗仪式。

“全日制中学小学，除假期外，每周至少举行一次升旗仪式。

“举行升旗仪式时，在国旗升起的过程中，参加者应当面向国旗肃立致敬，并可以奏国歌或者唱国歌。”（修改稿第十四条）

2. “升挂国旗，应当将国旗置于显著的位置。

“列队举持国旗和其他旗帜行进时，国旗应当在其他旗帜之前。

“国旗与其他旗帜同时升挂时，应当将国旗置于中心、较高或者突出的位置。

“在外事活动中同时升挂两个以上国家的国旗时，应当按照外交部的规定或者国际惯例升挂。”（修改稿第十六条）

3. “在直立的旗杆上升降国旗，应当徐徐升降。升起时，必须将国旗升至杆顶；降下时，不得使国旗落地。

“下半旗时，应当先将国旗升至杆顶，然后降至旗顶与杆顶之间的距离为旗杆全长的三分之一处；降下时，应当先将国旗升至杆顶，然后再降下。”（修改稿第十七条）

五、草案第十一条规定：“对于故意毁损、玷污、践踏和以其他方式侮辱国旗的，公安机关可以处以警告或者十五日以下拘留；情节严重构成犯罪的，由司法机关处三年以下有期徒刑或者拘役。”有些法律专家、部门和地方提出，刑法没有规定侮辱国旗罪，如果规定这个罪名，最好采取对刑法作补充规定的方式。有的法律专家还建议对侮辱国徽罪一并作出规定。因此，建议将这一条修改为：“在公众场合故意以焚烧、毁损、涂划、玷污、践踏等方式侮辱中华人民共和国国旗的，依法追究刑事责任；情节较轻的，参照治安管理处罚条例的处罚规定，由公安机关处以十五日以下拘留。”（修改稿第二十条）同时，建议由全国人大常委会作出《关于惩治侮辱中华人民共和国国旗国徽罪的决定》：“在公众场合故意以焚烧、毁损、涂划、玷污、践踏等方式侮辱中华人民共和国国旗、国徽的，处三年以下有期徒刑、拘役、管制或者剥夺政治权利。”至于以侮辱国旗的方法宣传煽动推翻人民民主专政的政权、危害国家的，则应依照刑法第一百零二条的规定追究刑事责任。

此外，还对草案作了一些文字修改。

草案修改稿已按上述意见作了修改，法律委员会建议全国人大常委会审议通过。

修改稿和以上意见是否妥当，请审议。

全国人大法律委员会

1990年5月30日

全国人大法律委员会对《中华人民共和国国旗法（草案）》（修改稿）一些修改意见的汇报

——1990年6月27日在第七届全国人民代表大会常务委员会第十四次会议上

全国人大法律委员会副主任委员　项淳一

这次会议对国旗法（草案修改稿）进行了分组审议。委员们认为，这个修改稿吸收委员们的审议意见和各地方、各方面的意见，修改得比较好，同意这次会议予以通过。同时，也提出了一些修改意见。法律委员会于6月23日召开会议，逐条研究了委员们的意见，建议对修改稿作如下修改：

一、有些委员提出，应增加规定乡、镇人民政府在工作日升挂国旗。因此，建议将修改稿第六条规定“县级以上地方各级人民代表大会常务委员会、人民政府、人民法院、人民检察院，中国人民政治协商会议地方各级委员会，应当在工作日升挂国旗”中的“县级以上”四字删去，这样在工作日升挂国旗的就包括了乡、镇人民政府。（新修改稿第六条）

二、修改稿第七条规定：“各政党升挂国旗的具体办法，由各政党决定。”有些委员提出，本法对政党升挂国旗的办法，应当作出统一的、具体的规定，不宜由各政党自行决定。有些委员则认为，法律对政党升挂国旗是否需要规定以及如何规定，都还需要进一步研究，本法以暂不作规定为好。法律委员会经过研究，建议将这一条规定删去。

三、根据有些委员的意见，建议在修改稿第八条第一款规定的节日

升挂国旗的，增加“村民委员会、居民委员会”。（新修改稿第七条第一款）

四、根据有些委员和民族委员会的意见，建议将修改稿第八条第二款“不以春节为传统节日的少数民族地区，春节可以不升挂国旗”的规定修改为：“不以春节为传统节日的少数民族地区，春节是否升挂国旗，由民族自治地方的自治机关规定。”（新修改稿第七条第二款）

五、根据有些委员的意见，建议将修改稿第十条修改为：“外交活动以及国家驻外使馆领馆和其他外交代表机构升挂、使用国旗的办法，由外交部规定。”（新修改稿第九条）将修改稿第十一条修改为：“军事机关、军队营区、军用舰船，按照中央军事委员会的有关规定升挂国旗。”（新修改稿第十条）将修改稿第十二条修改为：“民用船舶和进入中国领水的外国船舶升挂国旗的办法，由国务院交通主管部门规定。”“公安部门执行边防、治安、消防任务的船舶升挂国旗的办法，由国务院公安部门规定。”（新修改稿第十一条）

此外，根据有些委员的意见，还对修改稿作了个别文字修改。

以上意见是否妥当，请审议。

全国人大常委会法制工作委员会关于《中华人民共和国国歌法（草案）》的说明

——2017 年 6 月 22 日在第十二届全国人民代表大会常务委员会第二十八次会议上

全国人大常委会法制工作委员会主任　沈春耀

委员长、各位副委员长、秘书长、各位委员：

我受委员长会议的委托，作关于《中华人民共和国国歌法（草案）》的说明。

一、制定本法的必要性

我国宪法第一百三十六条规定，“中华人民共和国国歌是《义勇军进行曲》。”《义勇军进行曲》是上个世纪三十年代中期电影《风云儿女》的主题曲，由田汉作词、聂耳作曲。在日本帝国主义加紧侵略中国，中华民族到了生死存亡的紧急关头，《义勇军进行曲》以铿锵有力的词句伴着雄壮激昂的旋律，唱出了中国人民反帝爱国的强烈心声，激励着中华儿女挺起脊梁、众志成城，以血肉之躯筑起拯救民族危亡的钢铁长城。歌曲一经问世，就在大江南北、长城内外广为传唱，并在世界很多国家传播。《义勇军进行曲》凝结着中国共产党领导中国各族人民为争取民族独立、人民解放和实现国家富强、人民富裕不屈不挠、英勇奋斗的精神，凝聚着各族人民实现中华民族伟大复兴的梦想。1949 年新中国成立前夕，中国人民政治协商会议第一届全体会议决定，在国歌未正式制定前，以《义勇军进行曲》为国歌。1978 年五届全国人大一次会议通过关于国歌的决定，更改了国歌歌词，但各方面一直有不同意见。1982年五届全国人大五次会议决定：恢复《义勇军进行曲》为国歌。2004年十届全国人大二次会议通过宪法修正案，明确规定“中华人民共和国国歌是《义勇军进行曲》”。

多年来，国歌所承载的爱国情怀、忧患意识和奋勇前行的民族精神深入人心，广大人民群众热爱祖国、尊崇国歌，国歌奏唱和使用总体情况是比较好的。但实际生活中也存在奏唱国歌不规范、参与者举止不得体，国歌标准曲谱未予发布，影响奏唱和播放效果等。2014年12月，中共中央办公厅、国务院办公厅印发了《关于规范国歌奏唱礼仪的实施意见》，实施后发挥了十分重要的作用。国歌是宪法确立的国家重要象征和标志，制定一部专门的国歌法，通过国家立法对国歌的奏唱场合、奏唱礼仪和宣传教育等进行规范，对于保证宪法的有效实施，增强国歌奏唱的严肃性和规范性，维护国家尊严，提升公民的国家观念和爱国意识，培育和践行社会主义核心价值观，弘扬以爱国主义为核心的伟大民族精神，激励全国各族人民为实现中华民族伟大复兴的中国梦而共同奋斗，具有重大意义，是十分必要的。

二、草案起草的工作过程和指导思想

近年来，全国人大代表、全国政协委员多次提出关于制定国歌法的议案、建议、提案。今年初，习近平总书记对国歌立法作出重要批示。全国人大常委会高度重视，将国歌法列入2017年立法工作计划。今年以来，法制工作委员会着手开展调研起草工作，广泛征求意见，召开座谈会听取中央有关部门、全国人大代表、全国政协委员以及权威音乐家的意见，赴中国人民解放军军乐团、天安门国旗护卫队进行调研，经反复研究、修改并征求中央有关部门意见后，形成了《中华人民共和国国歌法（草案）》。

制定本法的指导思想：一是，通过国家立法落实宪法规定的国家标志重要制度，为践行社会主义核心价值观，弘扬中国精神、凝聚中国力量提供法治保障。二是，准确把握本法的定位，突出重点，针对实际中存在的突出问题，重点对应当奏唱国歌的场合，国歌标准曲谱的审定、发布和使用，奏唱礼仪规范以及不得奏唱、播放国歌的场合作出规范。三是，坚持从实际出发，注重规范与引导并重，在保证国歌奏唱的严肃性和规范性的同时，加强国歌宣传教育，鼓励广大人民群众唱国歌、爱国歌，弘扬爱国主义精神。

三、草案的主要内容

（一）关于国歌的地位

根据宪法，草案规定，中华人民共和国国歌是《义勇军进行曲》。同时规定，中华人民共和国国歌是中华人民共和国的象征和标志。草案附件载明了国歌的歌词和曲谱。

（二）关于奏唱国歌的场合

根据实际做法并结合现行规定和有关惯例，草案明确规定七类场合应当奏唱国歌，包括全国人民代表大会和地方各级人民代表大会开幕会议、闭幕会议；中国人民政治协商会议全国委员会和地方委员会开幕会议、闭幕会议；宪法宣誓仪式；升国旗仪式；各级机关组织的重大庆典活动、重要表彰仪式、重大纪念仪式、国家公祭等；重大外交活动；重大体育赛事；其他需要奏唱国歌的场合。同时，草案规定，不得在私人丧事活动等不适宜的场合奏唱、播放国歌。国歌不得用于或者变相用于商标、广告、公共场所使用的背景音乐等。

（三）关于国歌奏唱的形式和礼仪

为了体现国歌的严肃性和权威性，草案规定："奏唱国歌，应当按照本法规定的歌词和曲谱，不得修改国歌歌词，不得采取损害国歌尊严、影响国家形象的奏唱形式。"为增强奏唱国歌的仪式感，体现对国家象征的尊重和维护，草案规定："奏唱国歌时，在场人员应当肃立，举止庄重。举行升国旗仪式奏唱国歌时，在场人员应当面向国旗，着制式服装的现役军人、人民武装警察、人民警察等人员行举手礼，其他人员行注目礼。"

（四）关于国歌标准曲谱和官方录音版本

1982 年五届全国人大五次会议通过《关于中华人民共和国国歌的

决议》时发布了国歌的曲谱（旋律谱）。但长期以来，我国未发布标明配器、奏唱速度和力度的国歌标准曲谱，未发布用于播放的国歌官方录音版本，国歌演奏存在不规范现象，演奏、播放效果受到影响。针对上述问题，草案规定，国务院确定的主管部门组织审定用于演奏的国歌标准曲谱，录制用于播放的国歌官方录音版本。国歌标准曲谱和国歌官方录音版本，应当在中国政府网上发布。在本法规定应当奏唱国歌的场合奏唱、播放国歌的，应当使用国歌标准曲谱和国歌官方录音版本。此外，草案还规定外交部及驻外外交机构、国务院体育行政部门应当将国歌标准曲谱和国歌官方录音版本送交有关国家外交部门、有关国际组织，供外交活动或者国际体育赛事中使用。

（五）关于国歌的宣传教育

为了进一步加强国歌的宣传教育，培育公民的国家观念，草案规定：一是，国庆节、国际劳动节、元旦、春节和其他重要节日、纪念日，中央人民广播电台、中国国际广播电台和中央电视台按照规定时点播放国歌。二是，国歌列入全日制小学一年级音乐课教材。全日制中学、小学应当将国歌歌词和曲谱作为爱国主义教育的重要内容，组织学生学唱国歌。三是，新闻媒体应当积极开展对国歌的宣传，普及国歌奏唱礼仪知识。

（六）关于监督管理和法律责任

为了加强对国歌奏唱、播放、使用的监督管理，草案规定了地方各级人民政府及其有关部门对国歌奏唱、播放和使用的监督管理职责。同时，草案规定，在公共场合，恶意修改国歌歌词或者故意以歪曲、贬损方式奏唱国歌，损害国歌庄严形象的，由公安机关处以十五日以下拘留。

草案和以上说明是否妥当，请审议。

全国人大法律委员会关于《中华人民共和国国歌法（草案）》审议结果的报告

全国人民代表大会常务委员会：

常委会第二十八次会议对国歌法（草案）进行了初次审议。会后，法制工作委员会将草案印发各省（区、市）、中央有关部门、单位和部分高等院校、法学研究机构、基层立法联系点等征求意见，在中国人大网全文公布草案，征求社会公众意见。法律委员会、法制工作委员会联合召开座谈会，听取中央有关部门和专家学者的意见，赴上海、吉林和辽宁进行调研，并就有关问题专门听取了中央宣传部、国务院办公厅、外交部、教育部、国家新闻出版广电总局、国家体育总局意见。法律委员会于7月31日召开会议，根据常委会组成人员的审议意见和各方面意见，对草案进行了逐条审议。中央宣传部、国务院法制办公室的有关负责同志列席了会议。8月21日，法律委员会召开会议，再次进行审议。法律委员会认为，为了增强国歌奏唱的严肃性和规范性，维护国家尊严，提升公民的国家观念和爱国意识，制定本法是必要的，草案经过常委会审议修改，已经比较成熟。同时，提出以下主要修改意见：

一、关于奏唱国歌的场合。草案第四条对应当奏唱国歌的场合作了规定。有的常委会组成人员和部门提出，目前中国共产党和各民主党派、各人民团体的代表大会或者全体会议也奏唱国歌，建议在本法中作出规定。法律委员会经研究，建议在草案第四条中增加一项，规定："各政党、各人民团体的代表大会或者全体会议"，应当奏唱国歌。（草案二次审议稿第四条第二项）

草案第十条对不得奏唱、使用国歌的场合和情形作了规定。有的常委会组成人员和部门提出，“商业广告”不得使用国歌，公益广告是可以的。有的建议将不得奏唱、使用的情形集中规定。法律委员会经研究，建议将草案第十条修改为：“国歌不得用于或者变相用于商标、商业广告，不得在私人丧事活动等不适宜的场合使用，不得作为公共场所的背景音乐等。”（草案二次审议稿第八条）

此外，为鼓励和提倡公民和组织奏唱国歌，激发爱国主义热情，法律委员会经研究，建议增加一条，规定：“国家鼓励公民和组织在适宜的场合奏唱国歌，表达爱国情感。”（草案二次审议稿第五条）

二、关于奏唱国歌的礼仪。草案第六条对奏唱国歌的礼仪作了规定。有的常委会组成人员提出，升国旗、奏唱国歌的礼仪，在国旗法中已有规定，军队奏唱国歌的礼仪，本法已明确由中央军事委员会规定，本法可不作重复规定。法律委员会经研究，建议将草案第六条修改为：“奏唱国歌时，在场人员应当肃立，举止庄重，不得有不尊重国歌的行为。”（草案二次审议稿第七条）

三、关于国歌教育。草案第十一条对国歌的学校教育作了规定。有的常委会组成人员和部门提出，学校不仅应当教唱国歌，还应当将国歌作为爱国主义教育的重要内容，让学生了解国歌的历史和精神内涵。法律委员会经研究，建议将草案第十一条修改为：“国歌列入中小学教材。”“中小学应当将国歌作为爱国主义教育的重要内容，组织学生学唱国歌，教育学生了解国歌的历史和精神内涵、遵守国歌奏唱礼仪。”（草案二次审议稿第十一条）

四、关于法律责任。有的常委会组成人员和部门提出，对侮辱国歌的行为，应当根据违法行为情节的轻重，规定相应的法律责任，构成犯罪的，还应当承担刑事责任。法律委员会经研究，建议将草案第十四条修改为：“在公共场合，恶意修改国歌歌词，以歪曲、贬损方式奏唱国歌，或者以其他方式侮辱国歌的，由公安机关处以警告或者十五日以下拘留；构成犯罪的，依法追究刑事责任。”（草案二次审议

稿第十五条）

五、关于国歌词谱的版式。草案附件中所列国歌词谱是1982年五届全国人大五次会议决定恢复《义勇军进行曲》为国歌后，同年第5号《全国人民代表大会常务委员会公报》公布的。在征求意见过程中，一些音乐家提出，上述国歌词谱的版式采用了五线谱和简谱混排的方式，不符合目前通用的曲谱排版形式，为便于实际使用，满足不同方面需要，建议将五线谱版和简谱版分排并作为本法的附件。考虑到此项工作政治性、专业性强，经与中央宣传部沟通，由中央宣传部组织中国音乐家协会及部分音乐家对国歌的词谱以及排版形式进行了审定，审定意见提出，应改用五线谱和简谱分排的版式。草案二次审议稿已按上述意见，对附件中国歌词谱的版式作出调整。（草案二次审议稿附件）

还有一个问题需要汇报。根据香港特别行政区基本法和澳门特别行政区基本法的规定，国歌法属于涉及国家主权、应在特别行政区实施的全国性法律，需要在通过后适时列入两个基本法附件三，由特别行政区在当地公布或立法实施。经研究，建议在下一次常委会会议上提请审议将国歌法列入两个基本法附件三的决定草案。

此外，还对草案作了一些文字修改，对有关条文的排序作了调整。

8月3日，法制工作委员会召开会议，邀请中央有关部门和部分专家学者就国歌法草案中主要制度规范的可行性、法律出台时机、法律实施的社会效果和可能出现的问题等作了评估。总的评价是：草案针对实际中国歌奏唱、使用存在的突出问题，重点对国歌奏唱场合和礼仪等作了规定，同时充分体现规范与引导并重的原则，积极鼓励广大人民群众奏唱国歌，表达爱国情感，已经比较全面、成熟，其主要制度规范是可行的，现在出台是必要的、适时的。这部法律的出台，对于培育和践行社会主义核心价值观，弘扬以爱国主义为核心的民族精神，具有重要意义。有的与会人员还对草案提出了一些具体修改意见，法律委员会、法制工作委员会进行了认真研究，对有的意见予以采纳。

草案二次审议稿已按上述意见作了修改，法律委员会建议提请本次常委会会议审议通过。

草案二次审议稿和以上报告是否妥当，请审议。

全国人民代表大会法律委员会

2017 年 8 月 28 日

全国人大法律委员会关于《中华人民共和国国歌法（草案二次审议稿）》修改意见的报告

全国人民代表大会常务委员会：

本次常委会会议于8月28日下午对国歌法（草案二次审议稿）进行了分组审议，普遍认为，草案已经比较成熟，建议进一步修改后，提请本次会议通过。同时，有些常委会组成人员还提出了一些修改意见。法律委员会于8月30日上午召开会议，逐条研究了常委会组成人员的审议意见，对草案进行了审议。国务院法制办公室的负责同志列席了会议。法律委员会认为，草案是可行的，同时，提出以下修改意见：

一、草案二次审议稿第四条第二项规定，“各政党、各人民团体的代表大会或者全体会议”应当奏唱国歌。有的常委会组成人员提出，各政党、各人民团体的全国或者地方代表大会等都应当奏唱国歌，建议在“代表大会”前增加“各级”。法律委员会经研究，建议将这一项修改为“各政党、各人民团体的各级代表大会等”。（草案建议表决稿第四条第二项）

二、草案二次审议稿第五条规定：“国家鼓励公民和组织在适宜的场合奏唱国歌，表达爱国情感。”有的常委会组成人员提出，“鼓励”的表述不够恰当，建议再斟酌。法律委员会经研究，建议将“鼓励”修改为“倡导”。（草案建议表决稿第五条）

还有一个问题需要汇报。草案二次审议稿第十五条规定：“在公共场合，恶意修改国歌歌词，以歪曲、贬损方式奏唱国歌，或者以其他方式侮辱国歌的，由公安机关处以警告或者十五日以下拘留；构成犯罪的，依法追究刑事责任。”有的常委会组成人员提出，在网络上以及私人场合发现有侮辱国歌的行为，也应当追究其法律责任，建议删去“在公共场合”的表述。法律委员会经研究认为，草案二次审议稿中的“在公共场合”，指当众、公开的情境。不论是在现实的公共场所还是在互联网，都是通过公开传播的方式，当众公然侮辱国歌的行为，都构成了对国家尊严、公共秩序的损害，均应按照本法追究其法律责任。国旗法、国徽法和刑法对侮辱国旗、国徽的行为应当追究法律责任的规定，都要求是在“公共场合”或者“公众场合”实施的行为，考虑到本法应与上述法律规定相衔接，建议保留本条中“在公共场合”的规定。

此外，根据常委会组成人员的审议意见，还对草案二次审议稿作了个别文字修改和调整。

草案建议表决稿已按上述意见作了修改，法律委员会建议本次常委会会议通过。

草案建议表决稿和以上报告是否妥当，请审议。

全国人民代表大会法律委员会

2017 年 9 月 1 日

国务院法制局关于《中华人民共和国国徽法（修改草案）》的说明

——1990年12月20日在第七届全国人民代表大会常务委员会第十七次会议上

国务院法制局局长　孙琬钟

我受国务院的委托，现就《中华人民共和国国徽法（修改草案）》（以下简称《草案》），作如下说明：

一、制定《草案》的必要性

现行国徽使用办法是1950年9月20日中央人民政府委员会第八次会议通过并颁布实施的。建国40多年来，随着我国政治、经济和文化事业的发展，这个办法中规定的许多内容已不适应实际需要，如对使用国徽及其图案的范围规定得较窄，办法中列举的许多国家机构的名称已发生变化。另外，对国徽的制作、国徽的规格和对侮辱国徽者的处罚等许多重要内容，都未规定，从而造成了实际生活中国徽及其图案的使用情况比较混乱。近年来，一些人大代表曾多次建议，为了维护国徽的尊严，增强公民的国家观念，应尽快修改原国徽使用办法，完善国徽立法。因此，为了维护国徽的尊严，及时修改现行国徽使用办法，制定一部专门的国徽法，是十分必要的。

二、国徽悬挂的范围

关于国徽悬挂的范围，《草案》主要作了如下几点修改：第一，对国家机构悬挂国徽的规定进行了修改，现行办法中某些机构名称已发生变化的，进行了相应调整；对原有机构已撤销的则予删除；并且，根据宪法关于国家机构的规定，增加了各级人大常委会，中央军委和各级人民法院、人民检察院悬挂国徽。第二，《草案》增加规定了国徽悬挂的场所。规定天安门、人民大会堂、权力机关的会议厅、审判机关的法庭以及象征国家主权的边境口岸应悬挂国徽。

三、国徽图案的使用范围

关于国徽图案的使用范围，《草案》主要作了如下修改：第一、扩大了“印章”使用国徽图案的范围。现行办法中只规定了外交部及驻外各使领馆所用钢印、戳记中间雕刻国徽。从目前实际情况看，印章中雕刻国徽图案的情况较普遍，我们根据全国人大和国务院的有关规定，扩大到各级人大常委会，国务院及其各部委、各直属机构和办事机构，县级以上地方各级人民政府，中央军委，各级人民法院、专门人民法院和各级人民检察院、专门人民检察院印章使用国徽。第二、扩大了印刷品封面使用国徽图案的范围。现行办法中只规定了中央政府颁发的有关荣誉证件、外交文书以及政府领导人和外交部门有关领导人以职务名义对外使用的信封、信笺和请柬等封面上可以使用国徽。我们根据实际情况，增加了最高权力机关、最高行政机关和最高审判机关以及最高检察机关的公报封面，国家编辑出版的法律法规汇编正式版本的封面也可以使用国徽图案。《草案》规定，中华人民共和国主席、全国人民代表大会常务委员会委员长、国务院总理、中央军事委员会主席、最高人民法院院长和最高人民检察院检察长以职务名义对外使用的信封、信笺和请柬等上面加印国徽图案。第三、《草案》明确了在本法规定以外需要悬挂国徽或者使用国徽图案的由全国人民代表大会常务委员会办公厅或者国务院办公厅会同有关主管部门规定。由于外交活动中使用国徽的情况比较多，很难具体规定，《草案》规定，驻外使领馆和其他外交代表机构使用国徽和国徽图案的办法，由外交部制定，报国务院批准。

四、法律责任

现行办法中未对违反使用办法的情况作出相应的法律责任规定，为了维护国徽的尊严和使用国徽的严肃性，《草案》第十三条规定，在公众场合故意以焚烧、毁损、涂划、玷污、践踏等方式侮辱中华人民共和国国徽和国徽图案的，依法追究刑事责任；情节较轻的，由公安机关处以十五日以下拘留。

最后需要说明的，关于国徽图案及其制作方法，考虑到原中央人民政府委员会公布的国徽图案及其制作说明无需修改，还应按照这个国徽图案及其图案说明制作，因此，建议原国徽图案及其制作说明与本法一并公布。

我的说明完了，请审议。

全国人大法律委员会对《中华人民共和国国徽法（修改草案）》审议结果的报告

——1991年2月25日在第七届全国人民代表大会常务委员会第十八次会议上

全国人大法律委员会副主任委员　宋汝棼

第七届全国人大常委会第十七次会议对国徽法草案进行了审议，法律委员会和法制工作委员会还将草案印发各省、自治区、直辖市和中央有关部门征求意见，并邀请中央有关部门开了两次座谈会。法律委员会于1991年1月29日、2月21日召开会议，根据委员们的审议意见和各方面的意见，审议了国徽法草案。法律委员会认为，为了维护国徽的尊严，正确使用国徽，制定这个法是必要的，草案基本上是可行的。同时，提出以下修改意见：

一、根据有些委员的意见，建议在草案第二条中增加一款，作为第二款："中华人民共和国国徽按照1950年中央人民政府委员会通过的《中华人民共和国国徽图案》和中央人民政府委员会办公厅公布的《中华人民共和国国徽图案制作说明》制作。"（修改稿第二条第二款）

二、草案第五条第二项规定，"各级人民政府"应当悬挂国徽。有些委员提出，乡、镇人民政府现在没有悬挂国徽，有些乡、镇人民政府办公用房不具备悬挂国徽的条件，本法可以不规定乡、镇人民政府都要悬挂国徽。因此，建议将这一规定修改为"县级以上各级人民政府"应当悬挂国徽。（修改稿第四条第二项）

三、草案第五条中规定，"各省、自治区、直辖市人民政府单独地点办公的外事办公室”应当悬挂国徽。第六条中规定，“国际联运的铁路旅客列车”应当悬挂国徽。第七条中规定，“经国务院批准的可以使用国徽图案的各类证件、帽徽”、“人民币”、“与邻国共同树立的国界标志”、“参加正式国际比赛的体育代表团队入场服上衣”可以使用国徽图案。有些委员提出，国徽法规定应当悬挂国徽或者使用国徽图案的，主要是代表国家、象征国家权力的机关、场所，其他可以悬挂国徽及使用国徽图案的，本法可以不作具体规定。因此，建议删去上述规定，并将草案第九条修改为：“在本法规定的范围以外需要悬挂国徽或者使用国徽图案的，由全国人民代表大会常务委员会办公厅或者国务院办公厅会同有关主管部门规定。”（修改稿第九条）

此外，还对草案作了一些文字修改。

草案修改稿已按上述意见作了修改，法律委员会建议全国人大常委会审议通过。

修改稿和以上意见是否妥当，请审议。

全国人大法律委员会

1991 年 2 月 21 日

全国人大法律委员会关于《中华人民共和国国徽法（草案）》（修改稿）修改意见的汇报

——1991 年 3 月 1 日在第七届全国人民代表大会常务委员会第十八次会议上

全国人大法律委员会副主任委员　宋汝棼

本次会议于 2 月 25 日、26 日对国徽法（草案修改稿）进行了分组审议。委员们认为，这个修改稿吸收了委员们的审议意见和各地方、各方面的意见，修改得比较好，同意这次会议予以通过。同时，也提出了一些修改意见。法律委员会于 2 月 27 日召开会议，逐条研究了委员们的意见，建议对修改稿作如下修改：

一、草案修改稿第四条规定，“县级以上各级人民政府”应当悬挂国徽。有些委员提出，本法应规定乡、镇人民政府应当悬挂国徽；有些委员认为，本法可以不规定乡、镇人民政府都应当悬挂国徽。法律委员会研究，乡、镇人民政府的具体条件很不相同，悬挂国徽的规定可以灵活一些，有条件的可以悬挂，没有条件的可以不悬挂。因此，建议在这一条中增加一款，作为第二款：“乡、民族乡、镇的人民政府可以悬挂国徽，具体办法由省、自治区、直辖市的人民政府根据实际情况规定。”

二、有的委员提出，草案修改稿第四条将“国家驻外使馆、领馆和其他外交代表机构”列为应当悬挂国徽的国家机关，这些驻外外交代表机构应当悬挂国徽，是不是国家机关需要再考虑。因此，建议将这一条中的“下列国家机关应当悬挂国徽”修改为“下列机构应当悬挂国徽”，并对草案修改稿第六条作相应的修改。

三、有的委员提出，草案修改稿第十条规定了不得使用国徽及其图案的三种情况，还可能有其他情况不宜使用。因此，建议在这一条中增加一项，作为第四项：“（四）国务院办公厅规定不得使用国徽及其图案的其他场合。”

此外，还对草案修改稿作了个别文字修改。

以上意见是否妥当，请审议。

图书在版编目（CIP）数据

中华人民共和国国旗法、国歌法、国徽法解读／郑淑娜主编．—北京：中国法制出版社，2018.1（2019.11重印）
ISBN 978－7－5093－8390－2

Ⅰ．①中… Ⅱ．①郑… Ⅲ．①国旗－国家法－研究－中国②国歌－国家法－研究－中国③国徽－国家法－研究－中国 Ⅳ．①D921.34

中国版本图书馆CIP数据核字（2017）第325072号

策划编辑：袁笋冰　　责任编辑：刘晓霞　　封面设计：蒋　怡

中华人民共和国国旗法、国歌法、国徽法解读

ZHONGHUA RENMIN GONGHEGUO GUOQIFA、GUOGEFA、GUOHUIFA JIEDU

主编/郑淑娜
经销/新华书店
印刷/北京京华虎彩印刷有限公司
开本/880毫米×1230毫米　32开　　印张／7.75　字数／155千
版次/2018年2月第1版　　2019年11月第3次印刷

中国法制出版社出版
书号 ISBN 978－7－5093－8390－2　　定价：25.00元

北京西单横二条2号
邮政编码100031　　传真：66031119
网址：http：//www.zgfzs.com　　**编辑部电话：66075800**
市场营销部电话：66033393　　**邮购部电话：66033288**

（如有印装质量问题，请与本社编务印务管理部联系调换。电话：010－66032926）